思想政治教育研究文库

—

# 高校教学管理理论与实践研究

高见　著

光明日报出版社

图书在版编目（CIP）数据

高校教学管理理论与实践研究 / 高见著 . -- 北京：
光明日报出版社，2024.7. -- ISBN 978 - 7 - 5194 - 8113 - 1

Ⅰ . G647.3

中国国家版本馆 CIP 数据核字第 202419XB71 号

## 高校教学管理理论与实践研究
### GAOXIAO JIAOXUE GUANLI LILUN YU SHIJIAN YANJIU

著　　者：高　见

责任编辑：杜春荣　　　　　　　责任校对：房　蓉　李学敏

封面设计：中联华文　　　　　　责任印制：曹　净

出版发行：光明日报出版社

地　　址：北京市西城区永安路 106 号，100050

电　　话：010-63169890（咨询），010-63131930（邮购）

传　　真：010-63131930

网　　址：http://book.gmw.cn

E － mail：gmrbcbs@ gmw.cn

法律顾问：北京市兰台律师事务所龚柳方律师

印　　刷：三河市华东印刷有限公司

装　　订：三河市华东印刷有限公司

本书如有破损、缺页、装订错误，请与本社联系调换，电话：010-63131930

开　　本：170mm×240mm

字　　数：213 千字　　　　　　　印　　张：13

版　　次：2024 年 7 月第 1 版　　　印　　次：2024 年 7 月第 1 次印刷

书　　号：ISBN 978 - 7 - 5194 - 8113 - 1

定　　价：85.00 元

# 前　言

　　高等教育是我国教育事业的重要组成部分，是国家科技创新和人才培养的主要力量。当前，我国高等教育已经从精英化教育阶段过渡到了大众化阶段，高等学校的发展方式逐渐由从外延式扩张转变至内涵式发展道路。优化高等教育结构，创新人才培养模式，完善高校内部管理体制、机制，全面提升高等教育质量是当前高等教育发展的核心任务。《国家中长期教育改革和发展规划纲要》明确指出，今后我国高等教育的发展任务将定位在以全面提高质量为重点，更加注重提高人才培养质量、提升科学研究水平、增强社会服务能力。要进一步完善内部治理结构，探索依法治校、民主治校的有效途径，加快确立现代大学制度。

　　随着高等教育改革和发展的不断深入，在高校自身改革发展的诸多环节中，以人力资源为核心的内部要素的组织、内部运行机制的调控、内部治理结构的优化，成为影响高校建立现代大学制度，实现内涵式发展的重要因素。

　　目前，我国大多数高校的内部管理仍属于典型的"科层式"管理模式。"科层式"管理在一定的历史条件下促进了高校的发展，高校内部建立起了上下紧密衔接且分工明确的管理体系。但是由于科层式管理体制强调等级层次、权力集中、职能分工和对既定程序的严格遵守等，过分注重对行为的制度化规范，常常造成对人的忽略，也难以激发他们的主体性、创新性，影响了组织运行速度和组织效率的提高，在新的历史条件下影响了高校的发展。

　　近年来，为了迎接知识经济时代的挑战，我国高等教育事业也一直在改革创新，要使高等教育真正强大起来，最重要的就是完善高校教学管理模式，改变传统的行政化管理模式，合理调整高校内部的权力关系，建立具有契约理论精神的专业化、服务型教学管理模式。因此，整个教育系统需要新的教育理念来支撑。基于此，我们需要对我国高校教学管理进行理论和实践探讨研究，建立契约理论视角的高校教学管理新模式，促进高校教学管理体制改革。

　　本书是一本研究高校教学管理理论与实践的专业著作。在写作过程中，笔者参阅了大量的相关资料，在此对相关文献的作者表示感谢。由于时间仓促，书中难免存在不足之处，敬请各位专家、学者和读者朋友批评指正。

# 目　录
## CONTENTS

# 第一章

# 高等教育管理概述

## 第一节　高等教育管理的概念

### 一、管理的一般概念

管理一般是指在特定的环境下，对组织所拥有的资源进行有效的计划、组织、领导和控制，以便完成既定的组织目标的过程。我们在学科体系的理论研究中也提到过，管理是人们依据社会发展的客观规律并在特定历史条件下用各种规律的表现方式对社会系统内外的各种关系和资源进行有意识的调节，以达到既定的系统目标的过程。很显然，这两方面的表述并不矛盾，只是表述的方式稍有差别而已。前面的表述比较简练直观；后面的表述是从社会系统的角度和方法进行表述，比较宏观。

根据研究管理的对象不同，可分为广义的管理和狭义的管理。广义的管理可以是针对大自然中万事万物的管理；狭义的管理只是针对某项具体活动，以及对这些活动中的资源进行计划、组织、领导、控制。一般我们研究的管理是指狭义的管理，是指组织管理、行为管理、活动的管理。活动的结果，实际上是人的能动性的结果，管理的实质是人，是管理者与被管理者之间发生的矛盾的解决。如此，管理就是管理者、被管理者、事项三方形成的特定的活动。

对于管理的分类，现代管理一般可以从两方面来进行划分：一是依据活动的规模和大小分为宏观管理与微观管理；二是根据具体的活动内容分为综合管理和专项管理。另外，从管理的形式上，也可以分为紧密管理和松散管理。当然，这些区分是相对而言的。

## 二、管理的基本理论

管理的基本理论有很多。特别是随着现代社会的发展，人们的认识水平不断提高，社会活动不断丰富，社会财富与利益驱动机制更加强烈，新的管理理论也在不断创新、发展。而系统管理理论、人本管理理论、目标管理理论、标准化管理理论、组织管理理论等只是众多管理理论中的一部分，它们既是管理的理论，也是管理的思想和方法。

### （一）系统管理理论

系统管理理论指出，管理的任务就是协调系统中的各个子系统及系统要素，以保持系统的动态平衡，取得系统最佳运行效果。这种管理理论及其方法的核心是把管理作为一个整体的系统，系统包含系统要素，系统要素包括人、物、活动及其项目。这种管理理论和方法一般应用在大的军事战略、建设工程、大型活动（内容复杂、组织规模大、投入量大、长时间与长周期）上较为合适，当然，这些也只是相对的，正如相对的大和小一般。

### （二）人本管理理论

人本管理理论和方法是以人为中心的管理，实际上，这种管理理论与方法是最难做好的，如果把握不好，甚至有时候还会出现偏颇。有效的人本管理实质是人的权力的利用和利益的分配，在这种过程中，既要尊重人，又要让人的潜能充分发挥是一对很特殊的矛盾，有时候往往存在两难的情况。以人为本的管理目的就是发掘人的最大潜能，这种潜能并不完全是指被管理者的，同时也包括管理者，管理者的潜能是工作的积极性和表现出来的工作效益，被管理者的潜能是管理者的思想和艺术施加结果的体现。二者的结合才能达到管理的最大效果。人本管理理论虽然是一个相对比较早的管理理论，但是在实践中成熟应用得并不是很多很好。究其原因，传统的、单纯的人本管理理论十分强调管理的"人"的素质，可以说，低素质的人是绝对运用不好人本管理理论的。一个管不好自己的人同样也是管理不好别人的，更不用说有效地运用好人本管理理论了。不过，现代的人本管理理论加入了一些新的元素，即在人本管理中加入制度管理，这形成一种新的意义上的人本管理理论，可以说是现代的人本管理理论的发展①。

（三）目标管理理论

目标管理理论和方法是一种与利益相关联的刚性管理模式。这种管理理论和方法实际上是与价值理论密切相关的，甚至可以说是以价值理论为基础的。要有一个预先设置的价值目标，然后以这种价值目标的实现为核心而展开的管理活动。价值目标的认同是关键，是目标管理的前提。价值目标的确立也是十分重要的。价值目标必须经过全体成员认同，目标管理理论强调组织目标的制定要得到所有组织成员的认同，没有认同感的组织目标是不切实际的目标，是难以达到组织目标的。有人说目标管理只是注重结果，这是十分错误的，最新的目标管理理论不仅是注重管理活动的一头一尾。除了最先确定价值目标、最终对完成价值目标的检验结果外，还对过程实施严格监督，让目标按既定的方向完成，不要等到问题成了堆，最后得到一个很糟糕的结果，既成事实不是目标管理的目的，而是要让管理者与被管理者通过共同努力，一步一步向既定目标靠近。实现以价值目标为中心而组织的目标管理活动，是一种刚性的量化管理，因此执行也是刚性的。目标管理理论除了注重价值目标外，具体的应用还有一个公平理论问题。这是由目标管理理论的刚性所决定的。

（四）标准化管理理论

这种管理理论和方法是在专业化管理的基础上，由管理者组织专家制定管理的标准，要通过一定的法律法规程序予以确定。这种管理的思想十分明确，用朴素的话来说就是"没有规矩不成方圆"。标准化管理虽然是由组织和专家制定，但标准并不是武断的或独断的，它既要有权威性，又要有社会基础和群众基础，并通过科学的过程来制定。在这一过程中有两个十分重要的环节：一个是标准的制定，另一个是标准的执行。第二个环节是标准化管理的要害，有时候可能还是决定成败的关键。在管理活动中，有了标准不好好

① 郑承志. 管理学基础［M］. 合肥：中国科学技术大学出版社，2020：39.

地执行，或者执行起来走样，必将导致标准化管理的全面失败。当然，这不是标准化本身的问题，是实施标准化管理的实践问题。

（五）组织管理理论

组织管理理论和方法的实质是最高决策层通过设置管理的各级组织，规定各级组织的职能，通过领导核心、组织授权、组织实施等进行的管理。组织管理的重点是组织结构的设计，关键是组织职能的授权。同时，也有人把它归结到组织的层级管理理论、组织的能级管理理论、组织的行为管理理论之中。组织管理理论要有严密的组织结构，要有明确的组织目标和组织功能，同时，也要有一套有效的组织运作机制，否则，再好的科学组织，再完善的组织功能，没有好的运作机制它就不可能活起来，甚至拖累组织管理活动不能有效展开。

### 三、高等教育管理概念

高等教育管理是根据高等教育的目的和发展规律，调配高等教育资源，调节高等教育系统内外的各种关系，进行有效的计划、组织、领导和控制，以便达到既定的高等教育系统目标的过程。这是通常给出的对高等教育管理的定义。

从教育管理的层面上讲，高等教育是在中等教育基础之上的教育，因此，它是指高等教育这一特殊的专业层面上的管理。

从管理的分类上讲，可分为宏观高等教育管理和微观高等教育管理。

从管理的内容上讲，可分为宏观高等教育管理中的战略规划管理、宏观调控管理，微观高等教育管理中的教育组织内部的具体的教育管理活动。

从定义分析，高等教育管理具有下述三层含义。

（一）高等教育管理的依据

高等教育管理的概念首先指明了高等教育管理活动的依据是高等教育的目的和发展规律。高等教育的目的是为社会提供各级各类的高级专门人才，各级各类高级专门人才的教育是指：在类别上为普通高等教育、成人高等教育；在性质上为公办高等教育、民办高等教育；在层次上为专科教育、本科教育、研究生教育。这些教育的目的和目标是管理的根本依据。高等教育受学生身心发展的影响，通过德育、智育、体育、美育等过程，培养全面发展的人，只有把人作为社会关系的总和来看待，才能对人的发展有全面的理解。因此，各级各类教育过程都有其自身的客观内在规律，只有正确认识它们的客观规律，才能实施科学的管理。高等教育必须受到一定的经济、政治、文化影响，并为一定的经济、政治、文化发展服务。因此，生产力和科学技术的发展水平，社会的制度、文化传统都对高等教育活动产生影响；无论是国家宏观的高等教育发展政策的制定，还是高等学校培养人的过程，都必须遵循高等教育的目的和高等教育发展的客观规律。这也是高等教育管理的出发点。

（二）高等教育管理的任务

高等教育管理的概念指出了高等教育管理的任务，就是有意识地调节高等教育系统内外各种关系和高等教育资源，以适应高等教育系统发展的客观规律。从一个国家或者地区来讲，高等教育系统是国家或者地区社会系统中的一个子系统；从高等教育组织系统来讲，高等学校也是一个社会子系统。由于系统中存在着多种矛盾，因此，高等教育管理的任务就是协调并最终解决系统中存在的矛盾。在高等教育管理中，要用系统论的眼光来设计高等教育的整体和各部分之间、要素与要素之间、学校系统与外部环境之间、学校系统内部子系统之间的相互关系，树立整体观念，并通过有效的管理实现系统要素间的整体优化。

（三）高等教育管理的目的

高等教育管理的概念还指明了高等教育管理的结果是不断促成高等教育系统目标的实现。高等教育管理的目的最终也只是高等教育目的的一种辅助性（工具性）目的。在高等教育系统中，培养人的目的是高等教育的根本目的，高等教育系统的一切工作（包括管理工作）都必须围绕这一目的展开，对高等教育系统中各种关系和资源的协调构成了高等教育管理的目的，它的目的是通过有效的管理，确保高等教育实质性目的的实现。因此，高等教育管理最终也只能是手段。当然，高等教育管理也有其自身的需要，其自身也有目的，如效率就是管理的目的之一，但它是通过有效的管理来保证高等教育目的的有效实现。

综上所述，不论是宏观的高等教育管理，还是微观的高等教育管理，所依据的都是国家的教育方针、组织的发展目标、活动的游戏规则、高等教育的基本规律，社会政治、经济、文化的发展背景与环境，通过立法、行政、经济、市场等手段进行协调和控制，保证高等教育人才培养质量、推动科学文化知识创新、促进社会进步等目标的实现，最终实现高等教育的可持续发展。

## 第二节　高等教育管理的本质

### 一、高等教育管理的行为

（一）管理行为

管理活动中的行为具有其特殊的表现形式，它是管理过程和效果的具体体现，过程和效果反映了管理活动的基本特征，那么，要认识管理的这些过程及效果，必须首先分析管理行为，以及这些行为与效果之间的关系。

"管理方格"理论是由罗伯特·布莱克（Robert Rogers Blake）和简·穆顿（Jane Mouton）提出来的。基于人们对领导者的一种要求，即不仅要关心生产而且要关心人的重要意义，他们巧妙地设计了一个方格图以醒目地表示这种"关心"。

他们把这种方格图作为训练主管人员和明确各种领导方式之间不同组合的手段。这种方格有两个维度，横向维度是"对生产的关心"，纵向维度是"对人的关心"。

"对生产的关心"一般认为是对工作所持的态度，诸如政策决定的质量、程序与过程、研究的创造性、职能人员的服务质量、工作效率及产品质量等。

"对人的关心"也包括许多因素，诸如个人对实现目标所承担的责任、保持下属的自尊、建立在信任而非顺从基础上的职责、保持良好的工作环境及具有满意的人际关系等。

根据管理方格的概念，领导者可以对自己的行为做出评价，但是它并不会告诉我们，为什么一名领导者会处于方格图中的此处或彼处。需要指出的是，"最好的"方式也只是从理论上说的，要求领导者都成为理论上的人也是困难的，每个领导者都应根据不同的环境和因素，选择不同的管理方式和管理行为。

（二）行为类型

在教育行政管理中，大卫·哈尔平（David Halpin）等人总结出的管理的内容大致有两类：一类是创建组织机构的行为（为了实现组织的目标）；另一类是体贴关心下属的行为。哈尔平的分类体系在西方教育行政管理中是很著名的。创建组织机构的行为是指领导者在描述自己与集体成员之间的关系时，致力于建立被充分限定的组织的类型、建立信息交流渠道及具体实施过程中的所作所为。这主要包括领导者为实现组织目标而与下属的各种相互作用，让下属了解自己的意图和态度；与下属一起实验或实施自己的新想法和新计划；指定下属去完成某些特定的任务；对工作进行检查和评价；制定推行某些标准、制度和规范；促进下属之间的相互合作；等等。体贴关心下属的行为是指领导者在与下属的相互关系中表示友谊、相互信任和尊重、温暖、支持、帮助及合作的行为。这主要包括领导者对下属表示理解与支持；愿意倾听下属的意见；关心下属的个人利益；尽量与下属商量讨论问题，让他们参与组织计划；平等公正地对待下属；乐意进行改革；及时将下属的建议付诸实施；等等。

（三）高等教育管理中的领导行为

高等教育管理中的领导行为是一种主要的管理行为。这种管理行为同样可以分为两类：一是创建组织机构的行为；二是体贴关心下属的行为。高等教育的领导行为所针对的组织系统、组织目标、组织成员、人际关系等都有自己的特殊性，与其他许多社会系统的情况有所不同。比如，在高等学校这一层次的管理中，领导者要全力完成的是教学与科研任务，两者以人才的培养为核心。但是要搞好教学与科研工作，领导者还必须抓好相关的后勤配套工作，需要从各方面关心支持第一线的教学、科研人员。这就是上面所讲的两类领导行为。从理论上讲，领导者可以调整自己的行为，以适应某一特定的环境和任务。在实践中，领导者不能也不应该只关注某一类行为，而应当根据具体情况决定采取什么样的领导行为。当然，在这种时候，领导艺术是帮助领导者取得成功的必备之物。在宏观高等教育管理中，国家和地方政府对高等教育组织，即高等学校的管理，其中之一就是规范高等教育组织中领导的办学行为，既要按照国家的政策规范办学，又要办出各自学校的特色，这既是矛盾的，又是统一的，最终的目标是一致的。具体来讲，在完成高等教育目标的过程中，各级领导者为实现目标而履行领导的职责时，其关注的行为领域主要有下述两种。

1. 行政领导者的行为

行政领导者的行为主要包括各级领导者或管理者作为负责人行使领导职责时的行为。领导者的职责就是在实现目标或改变目标所需集体活动的激励、协调与指导行为。如果不能做到这一点，那就是对领导责任的放弃。对高等教育系统来说，系统的目标是非常明确的，教育部对国务院负责，各省市教育行政主管部门的行政首长对省市党委和首长负责。一般来讲，到了高等教育组织这一层面，组织领导者的行为要对高等教育主管部门负责。各高等教育组织的领导，围绕着高等教育系统目标进行的活动，在形式和内容上各有特色，即使是同一专业、同一课程的教学活动，在各校之间也是不完全一样的，更由于各校的教师、学生在知识水平、能力结构、兴趣爱好、心理需要及性格特征、校园文化等方面存在着明显的差异，各高等学校的领导者为完成组织目标而行使领导职责时，所面临的环境条件各不相同，所采取的领导行为当然也是不相同的。[①]

2. 组织集体中的领导行为

这是指高等教育系统中的各级领导者，要为组织目标的顺利实现创造各种各样的条件。对于组织目标的顺利实现而言，领导者的行为所具有的作用可分为直接作用和间接作用。直接作用包括：创建某些专门的组织机构和程序，指定专人去负责完成某项或某方面的工作；对下属的工作进行检查与督促，聘请某一方面的专家大能等。间接作用包括：不直接参与各类具体的计划，但对计划的制订及实施过程施加各种形式的影响。譬如，提倡某种领导

---

① 陈志平. 行政管理学 [M]. 北京：北京工业大学出版社，1995：103.

风格、实施某种奖惩措施、颁布某类晋升标准等做法都会对各项具体工作的开展产生重大影响，虽然领导者尤其是高层领导者没有直接插手具体工作，换句话说，领导者的行为也许可能不会对某些特定的具体活动产生直接影响（起直接作用），但对这些活动的顺利开展并取得成功所依赖和借助的各种组织机构、过程和程序产生了影响。例如，各级政府中的教育行政领导，也许并不过问每所高等学校具体的教学和科研工作，但必须对高等学校培养人才的方向、规格、基本途径、办学思想等进行指导；大学校长也许并不一定过问某一课程或某一堂课的具体教学活动及其效果，但他可以影响某个院（系）及教务部门在课程安排上的指导思想，影响该院（系）的课程计划或课程体系的目标，从而在某种形式上对各门课的教学活动及其效果产生一定的影响。

### 二、高等教育管理的本质

高等教育系统相对于其他社会系统有其独特的活动主体和活动目标，这就使高等教育管理同其他社会系统的管理区别开来，表现出它的特殊性。高等教育的总目标是培养高级专门人才和发展科学技术文化并与社会经济发展的需要相适应。高等教育管理活动就是要在总目标的指导下，把对高等教育系统的战略规划、资源调配通过制度和机制进行协调。高等教育管理的本质就是协调高等教育系统有限资源的投入与高效益地实现高等教育总目标的矛盾。

无论高等教育有多么复杂，无论把高等教育系统分解为怎样的子系统，高等教育系统都必然要求各子系统在目标上协调一致。不仅要求每个子系统的目标与整体目标相互协调一致，也要求每个子系统的目标与自己内部的组织成员的个体目标相互协调一致。更重要的是，每个系统的目标与实现这些目标的条件之间需要相互协调，这就形成了管理活动的整体性和普遍性，即每个系统都需要协调。高等教育系统内部的等级层次性导致了高等教育管理活动也具有层次性，这就形成了一个多层的、多级的、专门的分系统，即集合成高等教育的管理系统。协调就是蕴含于各个子系统之间，对各个子系统的目标进行设计，筹集和分配资源，分析系统的活动信息，即通过政策、制度和一些技术手段等协调系统成员的活动，以达到系统所设计的目标。从事这些专门活动的管理人员（或称管理者）的活动所构成的有机整体就是管理系统。

就一个国家和地区来言，将高等教育放到社会的大背景中，政府对高等教育的协调是使高等教育的层次、规模、结构、水平、质量、效益的协调发展，与社会的政治、经济、文化的发展相适应，如果不相适应，就必须进行协调。就高等教育的组织——学校来说，它是高等教育系统中的子系统，学校组织的类型因区域的差别、体制的差别、机制的差异、管理者的差异等出现差异，存在着的矛盾是多种多样的，有总体目标与部分目标之间的、有长期规划与近期打算之间的、有整体利益与部门利益之间的、有组织利益与个人利益之间的矛盾，这些矛盾如果不加以协调和解决，就会影响高等教育系统的运行和发展，也会影响局等教育效益的最优化。高等教育的协调任务与高等教育管理的本质要求是一致的，体现了高等教育管理的基本矛盾和本质特征。根据 1999 年 1 月 1 日开始实施的《中华人民共和国高等教育法》（以下简称《高等教育法》），在第四章、第五章、第六章中明确了高等学校组织和活动的范畴与规定，高等学校应该做什么，有了法律层面上的依据。作为高等学校的管理者，应通过领导的权威性和艺术性来调配和协调组织内部的各种资源，实施有效的管理。

在高等教育系统中，从宏观方面来讲，高等教育如何适应国家政治、经济、文化的发展，每一个发展时期如何规划，区域高等教育的发展、高等教育发展速度的快慢、高等教育的科类层次结构等方面的确定，不同的决策者及管理者会产生不同的意见甚至矛盾。在微观高等教育管理中，学校教育都是非常具体的管理活动，对于学校如何定位、如何发展、如何运用学校有效的教育资源，在培养目标、课程设置、培养计划的拟定和实施、教学与科研活动的具体展开、各项工作的总结评价等方面都可能出现一些不一致和矛盾，甚至会形成明显的冲突。一般来讲，增加交换看法、进行交流协商的机会，消除可能由于误会与信息不全所导致的认识上的不一致；进行"和平谈判"，把对各种原因和结果的认识都拿到台面上来解决，这需要领导者的权威和协调能力；提供学习机会，提高大学组织内成员的认识能力和观念水平，这不仅针对冲突双方，而且针对冲突涉及的各方，大家都需要提高自身的认识水平。具体来讲，要解决这类矛盾和冲突，最好的办法就是在学习和研究的基础上，开展对高等教育的教育思想、教育观念的大讨论进行认知统一。要提供公开交流的平台和场所，进行认知交流、认知融合，消除和化解矛盾和冲突，使组织成员和冲突各方在观点上达成一致，或者提高他们的认识水平。

在高等教育系统中，各子系统，甚至更小的群体和个人，都有自己的切身利益。他们在实现系统目标的过程中也同样追求自己的切身利益。例如，高等学校教师在进行教学科研工作时，一方面在完成高等教育的任务，另一方面在追求自身的利益——职务的晋升和自我价值的实现。这里，职务晋升就是引起冲突的原因之一，特别是当候选人远远多于晋升名额时，冲突就异常激烈，如何确定好公平合理的晋升方案就是解决冲突的关键。此外，在人员任免、经费分配、改革方案实施等方面，同样存在着各种利益冲突。如果忽视这些矛盾和冲突，尤其是利益上的矛盾和冲突，那么调动全体教职工的积极性，充分发挥他们的创造精神，就可能成为一句空话。在解决这种矛盾时，通常采用两种办法：一是通过政策法规来约束，明确整体与局部利益、局部与局部利益、个人与组织利益、组织与组织利益、个人与个人利益的关系，公平公正地解决这些利益冲突；二是应注意加强思想政治工作，把物质奖励和精神鼓励结合起来。处理好国家、集体、个人三者之间的关系，这是高等教育领导必须研究和解决的重要问题。

总之，要充分认识高等教育系统中存在的矛盾运动的规律，特别是在微观高等教育管理中，要按照矛盾运动规律来解决这些问题。要从整体出发去解决高等教育系统所存在的矛盾，即进行系统的、科学的管理。如果不从整体的角度去处理系统内部的矛盾及系统与环境之间的关系，看不到矛盾之间的相互关系和相互转变，那么，就会激化矛盾，破坏高等教育系统内部的稳定性，就不可能实现高等教育系统的整体目标。例如，个人的合理需要得不到满足就会抑制个人的积极性和创造性，个人在工作中就会表现出动力较小，主动精神较低的状态。一旦个人在工作中缺少主动性，便会大大降低其劳动效果，这样培养出来的人才质量就难以达到预期的目标；而人才质量的降低，又会引起社会上人才供需关系的变化，这种关系反过来又抑制高等教育的运行和发展。同样，如果系统的整体目标与实现这些目标的现实条件差距过大，目标难以达成，反过来也会挫伤人的积极性。所以，高等教育系统目标的实现过程本质上是一个系统与环境、系统内部矛盾关系不断得到协调和解决的过程。其实，我们要辩证地看矛盾，特别是高等教育管理活动中的矛盾。矛盾出现并不可怕，可怕的是当矛盾出现以后，我们束手无策，或忽略矛盾，或任其发展，我们有些管理者不善于解决这类认知型冲突的矛盾，甚至不愿意去正视这些矛盾。另外，最不可取的是压制矛盾，结果造成矛盾的激化，这样一来可能会带来新的、更大的冲突，产生更大的矛盾，因为它没有解决矛盾，而是转移了矛盾的方向，使小的矛盾集合成了大的矛盾。

## 第三节　高等教育管理的属性

在社会活动中，为了与教育系统整体性相适应，高等教育管理一开始就提出两个目标：一是为使个体同整体相适应，用系统整体去整合各系统的个体，以实现系统整体的功能目标；二是为了实现系统效益的最大值，要求把具有一定功能行为的个体有机结合在一起，达到系统最大"结合力"的功能目标。只有综合这两个目标，才能使系统整体功能大于系统中各分散个体的功能之和，这是高等教育管理的系统属性。这两个目标的矛盾运动决定了高等教育管理的两条基本规律：第一，高等教育管理的自然属性与社会属性趋于一致的规律，自然属性具体表现为高等教育管理的个性和特殊性；社会属性具体表现为高等教育管理的历史继承性和为阶级服务的政治性。第二，高等教育管理的封闭性与开放性的矛盾统一的规律，是高等教育管理最重要的本质属性。

### 一、自然属性与社会属性

高等教育管理的自然属性主要表现在普遍性方面。高等教育的管理是一种社会活动，社会活动的有序进行需要进行管理，因此，高等教育管理是社会活动中普遍存在的一种管理现象①。不论哪个国家，无论哪个历史时期，只要存在高等教育活动，就存在各种培养高级专门人才的活动（包括专业设置、培养目标、课程设计、教学过程、教学方法、教学手段等），就有进行管理的必要。在当今社会中，高等教育已经成为国民的素质需求乃至消费需求，成为国家和民众的普遍需求，特别是在高等教育大众化的时代，高等教育管理已经成为一种普遍的专业管理。高等教育管理的共性方面，即高等教育管理在各个历史发展时期都具有明显的共同点，这些共同点不因国家的政治、经济、文化等差异而有所变更，也不因历史的变化发展而消失。正是由于这种共同性，中国传统高等教育中的优秀部分应当继承和发扬，如唐朝的高等学府在教学管理上制订了较详细的教学计划，规定了严格的考核制度，放假、升级与退学等都有明确的规定，唐朝太学退学的规定有三条：请假逾期不返校者，令其退学；学满最高修业年限三次不及格令其退学；品德行为恶劣不堪教育者令其退学。这些管理规定至今仍有其现实意义。与现代大学有历史渊源关系的欧洲中世纪大学，一开始就建立了包括文法学、哲学和医学等学院，这种校院制一直被后来的大学所采用，随着课程的发展，学习制度发展成最初的学位制，这种制度对以后的大学学位制度产生了深远影响。例如，在法学、哲学、医学等学科，都规定有不同的学习年限，需要学习若干门课程，要实习讲授一定量的课程，然后才能申请学士、硕士和博士学位，之后，还要接受一次口试和辩论，经评审批准后，才能戴上硕士帽、博士帽。现代大学申请硕士、博士学位的程序基本同过去一样，只不过是在此基础上更加完善。这就是高等教育管理的"古为今用，洋为中用"。这些共同点源于高等教育管理活动的循序渐进，在发展过程中所形成的特点和规律，成为高等教育活动中遵循管理的一般原则，表现出它的共同性特点。另外，在高等教育管理的技术性方面，高等教育管理使用的技术和方法一般不受社会制度的影响，各国都可以相互学习先进的管理技术，如数学、经济学、计算机科学等，更加丰富了高等教育管理的内容，推动了高等教育管理的发展。

高等教育管理的社会属性包含两层含义：一是高等教育管理具有历史文

① 吕村.高校教育管理与教学研究［M］.长春：吉林文史出版社，2021：33.

化的继承性，即在人类创造历史的过程中，由于社会及自然环境的不同所形成的各种地域文化，在高等教育管理活动中留下深深的烙印。这些"印记"在高等教育管理思想上，表现为不能超越一定的社会文化形态及人们的社会心理状态，并且在具有"同源文化"的国家和地区，高等教育管理思想和管理哲学上具有很大的相似性，而非同源文化中所产生的高等教育管理思想和管理哲学就存在明显的差异。二是高等教育管理具有政治性。因为高等教育管理是与权力关系联系在一起的，高等教育的体制和有些制度、政策总是一种社会制度和政策的一部分，是为一定的政治服务的。在阶级社会里决策者与被管理者之间一般表现为阶级关系。在社会主义社会里，人民群众是社会和国家的主人，社会主义国家的管理者包括高等教育管理者，是为人民办事的公仆，如果出现公仆转为主人的现象，就意味着管理的性质发生质变了。所以，有人不太赞成高等教育管理具有这样的社会属性，好像是把管理的自然属性社会化了，这是片面的，作为高等教育的管理者，特别是高级的、高层次的管理者，一定要懂得管理的社会属性，高等教育管理必定具有社会属性，并且，要搞清楚管理的社会属性表现在哪些方面。在我们的管理活动中如何恰如其分地处理好社会属性的问题，是当前高等教育管理者必须懂得的。从宏观高等教育管理来讲，它的社会属性的政治性问题不言而喻，反映在高等教育的方向上，反映出是否办社会主义的高等教育的问题。从微观高等教育管理来看，管理的方向性具体反映在培养的人上。高等教育管理社会属性认识的淡化是很危险的，有的人甚至不承认社会属性则更可怕，这是高等教育的民族性、国家性的根本问题。

自然属性与社会属性是高等教育管理活动本身所具有的两种属性，两者处于矛盾统一体之中。高等教育管理的两个目标规定了高等教育管理两种属性是相对统一的矛盾，它具体表现在维持系统整体特性功能目标应具有的稳定性与高等教育管理追求最大"结合力"，要求改变系统结构而产生不稳定性之间的矛盾，此两者之间的矛盾运动，使高等教育管理不断得到改善。同时，高等教育管理的两种属性又统一于高等教育管理计划、组织、领导和控制等管理环节上，根本上统一于高等教育管理的效益上。没有社会属性，没有维持系统整体特性的功能目标，就不会有产生最大"结合力"的需要，高等教育管理的自然属性就失去了存在的基础而无从实现它的自身价值。把高等教育系统内成员的个人目标整合成系统整体特性的功能目标，目的在于把分散的具有一定功能行为的个体结合起来，实现系统功能的"放大"。而离开了自然属性，高等教育管理的社会属性也不可能体现出来，它的社会价值目标也不可能实现。

## 二、封闭性与开放性

高等教育管理的封闭性是指在高等教育管理过程中，根据高等教育管理的特殊矛盾而在高等教育系统内部自我运转和良性循环的性能；高等教育管理的开放性是指在高等教育管理过程中，根据高等教育管理的特殊矛盾而在高等教育系统与外界环境相互关系中，实现物质、能量、信息交换的性能。就高等教育管理的封闭性而言，在高等教育系统内，无论进行哪种高等教育管理工作，一个首要的前提就是在一个相对独立、完整的高等教育系统内部，按照高等教育系统的特定目标而进行优化组合，即在高等教育系统的"投入—加工—产出"的过程中构成一个相对封闭的系统。没有相对的封闭性，高等教育系统就没有相对稳定的环境，任何对高等教育系统的分析及高等教育管理活动过程都不可能按照自己的独特方式运行。这种相对封闭性是一种客观的存在，是更好地进行高等教育管理的必然要求，当然，完全封闭的高等教育系统是不存在的，因为完全封闭就意味着与外界环境不进行任何物质、能量、信息的交换，这样的高等教育系统必然会逐渐消亡。因此，这就是我们所指的高等教育系统和高等教育管理的封闭性具有相对性的方面。现代社会中，任何一个系统都不可能是封闭的，封闭是相对的。就高等教育管理的开放性而言，高等教育系统受外界环境的影响，只有开放才能获取更大的信息资源和物资资源。才能进入社会大系统中去循环，去接受洗礼，去成长壮大。纵观中国高等教育的改革与发展、中国高等教育管理现代化进程的不断加快离不开开放，我国高等教育管理的很多思想与观念就是因为通过改革开放得到启发，很多技术与方法就是在国际高等教育的大背景下开发与形成的。现代高等教育管理的进程没有国际化的开放是不行的，没有开放性就没有中国高等教育的大发展，就没有中国高等教育管理的成熟和成长。

　　高等教育的管理在思想上首先要开放，要引入先进的管理思想和方法，但不改变高等教育管理的本质，这就是开放性的基本原则，也是封闭性和开放性的矛盾统一的需求点。高等教育管理的封闭性与开放性的矛盾在于：如果片面强调高等教育管理的封闭性，为高等教育系统的"存在"花费更多的人力、物力和财力，那么就会影响系统的外延"发展"，失去取得更大效益的机会；如果片面强调高等教育管理的开放性，过分注意高等教育系统效益的最优化，而忽视甚至否定高等教育管理的相对封闭性，破坏高等教育系统自身，就会只强调系统"发展"而忽视系统"存在"，这将导致高等教育系统的紊乱和能量的消耗，最终将导致系统"存在"基础的动摇。无论是高等教育管理封闭性还是高等教育管理开放性，其目的都是使高等教育系统的生存和健康发展得到保证，具体表现在统一高等教育管理的诸环节上。例如，通过高等教育计划，在解决高等教育系统与环境矛盾中使封闭性与开放性统一起来；通过高等教育组织、领导，在解决高等教育系统内系统与系统、系统与个人矛盾中使封闭性和开放性统一起来；通过高等教育控制，在解决高等教育系统既定目的与实施中偏离目的的矛盾中使封闭性和开放性统一起来。这里要明确的是，高等教育要向世界开放，汲取世界上先进的管理经验，包括一些先进的管理制度。要向其他行业开放，走开放办学的道路，特别是在市场经济体制下，企业管理是最活跃的，产生的现代企业管理的先进理念和方法尤其值得高等教育管理借鉴。

　　高等教育管理的自然属性与社会属性的两重性是我们要充分认识清楚的。两重性规律以高等教育系统中一切有目的的活动为基础，自然属性和社会属性、封闭性和开放性是高等教育管理本身所固有的。因此，高等教育管理的自然属性及其客观性规律，不仅在对高等教育管理的认识上，而且在高等教育管理的具体活动中都是必须遵循的。高等教育管理活动中的两重性规律揭示的是高等教育管理固有的自然属性和社会属性、封闭性和开放性及其相互联系，这种联系是由高等教育管理的"整体功能"和"结合力功能"两个目标的矛盾运动所规定的。事实上，两重性从整体上反映了高等教育管理的特殊矛盾。因此，管理属性要素之间的联系是本质的和必然的。

　　总之，我们所研究的高等教育管理的自然属性与社会属性、封闭性与开放性，以及它们的规律在高等教育管理过程中是共同存在、相对稳定的，是高等教育管理本质的反映，是高等教育管理的基本规律。

## 第四节 高等教育管理的特点

显而易见，事物之间的区别就在于它的特殊性。在了解了高等教育管理的特点之后，我们就能遵循它的本质规律，有针对性地协调管理活动中的各种矛盾，清醒地驾驭各种管理活动。

### 一、高等教育管理目标的特殊性

高等教育系统目标的特殊性决定了高等教育管理目标的特殊性。高等教育系统的主要目标是根据高等教育的功能来确定的，因此，对管理的功能与目标相应地提出了特定要求。高等教育管理的功能就是要通过计划、组织、协调、控制等使高等教育更加符合社会发展的要求，符合社会生产力的要求，这种要求表现在教育的层次、结构、规模、质量等方面的目标。另外，在微观方面，高等教育管理要使组织中的每个成员都按高等教育规律办事，更好地完成既定目标。高等教育系统的目标是根据高等教育规律和社会发展对高等教育的需求来制定的，所以，高等教育系统的协调活动也应该以高等教育的规律为指导，而不能简单地照抄企业管理中的某些方式方法。从这个意义上来说，高等教育的微观管理是以更好地培养人才并且着眼于提高人才的质量为根本目标的管理活动，它不能也无法以只追求经济效益为目标（更不能以只追求利润为目的）。在市场经济体制下，高等教育要不要考虑经济效益的问题，一直以来都是政府行政管理部门和管理工作者闭口不谈的问题，好像一谈经济效益就乱，就偏离教育方向，而不谈经济效益就"死"，因为在市场经济体制下没有不讲经济效益的组织，没有不讲经济效益的管理活动。与行政管理、企业管理等其他管理所不同的是，如何将社会效益和经济效益有机结合，纳入高等教育管理的目标中，正确地处理好社会效益与经济效益的关系，是值得高等教育管理者研究的。这也正反映了高等教育管理目标的特殊性①。

高等教育管理具有两个最基本的目标功能：一是尽其所能地将系统内的各种关系和资源凝聚起来，形成一个整体，这就是管理的"维系"功能；二是最大限度地围绕系统的整体目标，发挥要素的主动性、积极性，更好地实现高等教育系统的整体目标，这就是管理的"结合"功能或"放大"功能。高等教育系统是由有关教育行政机关和各级各类高等学校所组成的系统，它的结构与功能与其他社会系统有所不同。高等教育在同其他社会系统进行物质、能量和信息交换的过程中，在为社会提供精神产品的同时，也提供物质产品，这种物质产品表现在劳动力方面、科学技术成果方面、现代文明与文化产品方面，也可能形成工业产品。高等教育系统是最具创造力的社会系统，通过各成员、各要素主观能动性的发挥，可以最大限度地实现"系统大于部分功能之和的效果"。但反过来，如果教育者及教育资源中的人的主观能动性发挥得不好，这比其他任何社会系统都更有可能影响生产力的发展。所以，高等教育管理者要充分认识到这两大功能的特殊性，并注意将此二者有机结合起来，用凝聚力推进整体的结合力，用系统的发展加强整体的凝聚力。

### 二、高等教育管理资源的特殊性

不论是宏观高等教育管理还是微观高等教育管理，高等教育管理资源要素的特殊性具体表现在以下三方面。第一，这是由一群高级知识分子组成的特殊群体，组织及其成员的特殊性就构成了要素的特殊性。从高等教育管理的主体和客体来看，即从管理者和管理对象两个方面来看，组成高等教育系统的主体要素之一是教师，是创造和掌握专门知识的群体。因此，对他们的管理要符合这一群体的心理活动和以个人脑力劳动为主的集体性活动的特征。另外一个高等教育系统的主体性成员之一是学生，是一群已成年、受过完全中等教育的青年，对他们的管理和协调方式要符合他们身心发展阶段的特殊性。正是由于高等教育系统组成人员的特殊性，管理中存在着一种特殊的管

---

① 刘明亮. 高等教育管理与大学生创新能力培养研究 ［M］. 北京：科学技术文献出版社，2017：48.

理现象，这种现象强调和要求自我管理。应该说，自我管理是任何管理中都存在的一种现象，但是，在高等教育管理中，自我管理尤为重要，它是一种身心和智力发展的自我管理，他们需要学会或养成具有自我管理、自我组织、自我发展的能力。他们的心理特征也表明，在教育过程中，完全有必要让其发挥自我组织管理的能力，才能更好地促进其身心与智力的发展。所以，管理对象的特殊是高等教育管理要素最重要的特点。第二，教育投资与经费的管理是一项复杂的工作，因为它的用途是复杂的，有时候还不能用绝对的量化管理来处理，有时候投入产出还不能在短期内就能见到成效，经济回报率可能很低。这就是高等教育的经费管理有别于企业管理、行政管理、经济管理等的特殊性。第三，教学与科研的物资设备的管理特殊性，表现在这类资源不完全是生产性资源，这些物资设备是建立在教学科研功能上的，是为了完成教育教学实验实习、科学研究开发等；它不仅是一套设备，可能是一个个教学实验和科学研究的基本平台。

前面我们也讲过，高等教育资源的特殊性构成了高等教育管理的特殊性。高等教育资源是指整个社会用于教育领域中的人力、物力和财力及知识产品、文化产品等的总和。有效的、可利用资源是指高等教育的主办者对高等教育的投入所形成的资源，主要表现在经费投资方面。社会用于教育资源的来源又与社会中的区域发展相关联，与政府对教育的投资相关联。教育是一种事业投资，但是它又不仅是纯粹的事业投资，因为它的投资对象决定了教育不可能是完全的事业投资，事业投资的对象主要针对公共事业，公共事业是针对大众的，基本上所有的民众都可以享受到。而高等教育的对象群体不是单纯地享受公共事业的群体，毕竟当高等教育还没有达到普及化的时候，高等教育就不可能是一种完全的事业行为，虽然高等教育的结果是回报了社会，但是受教育者只是整个社会群体中的一部分。那么，为什么不能普及高等教育？这是由高等教育资源的有限性决定的，这些资源又受到整个社会政治经济发展的影响。所以，一方面，高等教育的投入来自政府、学生家长、学校自身和社会的多方融资，构成了投资的特殊性。这就决定了高等教育资源的特殊性。马克思指出："要改变一般的人的本性，使他获得一定劳动部门的技能和技巧，成为发达的和专门的劳动力，就要有一定的教育或训练，而这就得花费或多或少的商品等价物。"要进行教育活动，先要从社会的总劳动力中抽出一部分劳动力，这就是从事教育的劳动者和进入劳动年龄的受教育者，他们要消耗一定的学习资源、生活资源，还必须有一定的物质技术条件，如校舍、图书、仪器设备等。高等教育财力资源不是自然资源，也不是可以通过生产方式就可以生产制造出来的，而是要通过长时间打造和培育出来的，随着社会的发展与需求逐步形成的。另一方面，在满足了人的再生产及所需要的物质再生产之后，社会所能用于教育的资源就很有限了，难以满足社会和个人对教育的需求，这也是教育管理中的一对特殊矛盾。因此，如何去获得更多的教育资源，如何有效地使用稀缺的教育资源，就成为社会领域和教育领域共同关心的问题，那么高等教育资源投资的特殊性构成高等教育管理资源的特殊性就不言而喻了。

### 三、高等教育管理活动的特殊性

从宏观高等教育管理来看，高等教育事业具有很强的战略性、前瞻性。高等教育的管理活动整体的发展规划关乎长远的社会民生问题，需要许多专家系统的来完成，活动的内容涉及民族文化、区域经济、人才发展、科学技术水平、社会环境等。从微观高等教育管理来看，高等教育管理活动的特殊性体现在高等教育组织管理的活动中，最主要的表现特点之一就是要协调学术目标与其他目标之间的矛盾。学术目标是一种高智力投入和高智力劳动的追求，除了个体的高智力劳动外。同时还要强调高智力劳动的结合、高智力劳动者的团结协作。高等教育系统的主导性活动是传授知识、创造知识，高等教育所培养的各类专门人才和高等学校所提供的各种科技成果主要是通过学术水平和应用价值的高低来衡量的，管理活动的学术性十分强，而这种学术性不可以用一般行政的方法进行管理。因此，学术目标的组织、协调、实现等是高等教育管理活动中的特殊矛盾，这就要求高等教育管理活动一定要重视学术这一特殊目标，使这一特殊的管理目标与学术目标相符合。高等教育组织中的教学活动是教与学的双边关系，高等学校师生是一个特殊的群体，在完成教学目标和管理目标的过程中，师生参与具体的教学管理活动，达到双边认知认同，教学民主就显得更加重要。大学教职工是高等教育系统中的能动力量，是实现高等教育管理目标的智慧源泉，要发挥他们的智慧和力量，学术自由是高等教育管理必须考虑的问题。高等教育系统中实行学术民主将极大地调动师生员工的主观能动性，让大家在信任中受到鼓舞，在学术自由这个平台上施展自己的才华，在学校的管理活动中真正成为中坚力量。

# 第二章

# 高校教学管理制度体系建设

## 第一节　高校教学管理制度概述

### 一、高校教学管理制度的概念

高校教学管理制度是以优化教学内容、提升教师队伍素质、完善教学质量等为目的而实施的教育措施、教育守则、教育规章等的总和。高校师生都应该以教学管理制度为标准来规范教与学的活动。①

高校教学管理制度是一个多层次、多序列、多职能的完整体系，从不同的角度出发有不同的划分和理解。下面分别从广义和狭义两个层面来分析。

从广义上讲，高校教学管理制度就是在一定教育发展条件下形成的教学管理体系，是由诸多元素或部件构成的完整的具有特定目的和功能的整体，各个元素或部件在构成上的变化直接影响高等教育功能的发挥和高等教育目的的实现。这个整体或系统总是随着时代和社会的变化而变化，可以是主动的变化，也可以是被动的变化，可以是宏观方面的变化，也可以是微观方面的变化。当高等教育教学不适应时代和社会的变化所提出的新要求时，高等教育就要通过制度上的改革来适应这种要求。也就是说，高校教学管理制度本身就是在不断适应社会需要的过程中形成和发展起来的。

---

① 孙连京.高校教学管理理论与实践［M］.南昌：江西高校出版社，2019：34.

从狭义上讲，高校教学管理制度特指在高等学校的教学过程中，为了规范教学活动和实现教学目标而制定的系统的教学管理方法。

为提高高校教学质量，各国不断加强教学管理，在制度上提供保障。从世界范围来看，学分制和学年制是高校教学管理中采用最为广泛的两种制度。选择学分制还是学年制与国家的社会制度没有太大的关系，这更多是与一个国家的社会文化和传统相联系。有时在同一个国家里，不同时期、不同高校会采用不同的管理方式，甚至在同一时期，不同高校也会采用不同的管理方式。由此可见，学分制与学年制只是两种不同的教学管理制度而已。它们的共性是学生必须修读一定数量的科目才能毕业，区别则是学年制注重统一性，有明显强制性特点，学分制的自由度和选择范围比较大、有弹性。所以，两者并无绝对的优劣之分，高校教育的成功和采用哪种教学管理制度也没有绝对的关系，关键是高校所采用的制度是否适应学校教学管理的需要。"制度"是一把"双刃剑"，只有通过不断完善教学管理制度，才能促进高校教育质量的提升。

## 二、高校教学管理制度的特点

高校教学管理制度具有以下三个鲜明的特点。

（一）全面性

高校教学管理制度具有全面性，表现在基本规范、教学改革、实践教学管理、学籍管理、教学质量管理等方面。这几个方面相互关联、相互作用、相互影响，共同组成了一个综合性系统，当某个环节发生变化时，便有可能给其他环节带来一定的影响。因此，以高校教学管理系统为对象对其进行构建时，应充分践行系统论所给出的观点以及方法，从而构建一个内在关联的、彼此支持的整体。在调整和优化这一系统时，应选取系统的视角，如此才能推动该项工作的正常进行与健康发展。在实践过程中，校内诸多部门应密切协作，有机配合，如此才能促使整个高校教育的进一步发展。

（二）指导性

从本质上来看，可以认定教学管理是有目的、有步骤的管理活动，其核心目的在于服务教育。高校教学管理工作本质是一项教育活动，其主要指导思想以及管理模式和行为都是教育政策和教育思想的体现，是校园中文化生态的重要组成部分，无论是管理过程，还是管理结果，无不体现了教育教学工作的价值取向，这将对教育教学工作起到直接且明显的导向作用。与此同时，高校教学管理质量将会给高校的办学质量带来直接且严重的影响，在某种程度上决定了高校的未来走向。管理工作不仅影响人才培养，还影响教育质量，和教育事业的长远发展有密切的关系，也在一种程度上关系着人类的持续发展情况。所以，高校教学管理制度应积极践行我国当前社会的主导思想，积极践行学校的办学宗旨，深入贯彻学校育人的思想，尽可能配合高校诸项教育教学活动的开展，最终为社会培养与输送有用的人才。

（三）服务性

在整个高校教育活动中，高校教学管理是不可或缺的组成部分，是面向高等教育工作而展开的管理。高校师生不仅拥有自主意识，还拥有自由精神，如果仅关注管理而不去了解师生所思所想、不注重服务，就很容易使师生产生挫败感。所以，高校教学管理不仅是管理，还表现出一定的服务性，是各项教育工作的有力支持和保障。在该项工作中，管理是措施，育人是根本目的，借助对一系列资源的优化配置，从而更好地实现高等教育的三大目标，即培养高级人才、支持科学研究、服务社会。广大师生是具体的服务对象，教学管理所涉及的各项工作均是为了更好地服务于教与学，所以高校在教学管理制度的建设过程中，应始终秉持服务于广大师生这一宗旨，制定和实施有针对性的和体现服务性的相关措施。此外，依靠刻板僵化的条款对高校进行管理是不合理的，所以教学管理工作的核心不只体现在服务方面，更为关键的是应彰显主动服务，赋予管理工作更为理想的流动性及弹性，最终在兼顾灵活的基础上，为广大师生提供更为人文化的服务。

## 三、高校教学管理制度的内涵

我国高等院校的办学特色是自主办学，高校可以根据相关法律法规行使学校发展规划的决策权。自主办学就是将学校全面深入的规划、二级院系的管理以及教师的职责和学生的学习有效结合起来。高校教学管理制度可用来科学回答并处理学校和学院、教学管理层与师生、教师与学生之间的关系问题。高校教学管理制度中存在着某种必然的内部逻辑，这是因为高校有着特有的组织结构和独特的学术性。

（一）权力系统层面：实现集权与分权的统一

由于高校的加速分化以及知识的不断发展，高校管理者以及校长在专业知识和其他学科方面的权威性逐渐降低，因而他们不得不让出超出自己知识和能力的权利，享有与自己知识水平相符合的决策权，建立学术和教学相互配合的管理方式。高校不应存在功利性，它是一个注重学习知识的地方，因此它与社会上企业公司严格的管理层制度以及利益性是截然不同的。高校要在遵循知识以及科学的发展规律的前提下，为社会发展培育更多的人才。所以，高校是根据学术监督政策而制定教育监督政策的，它是学术监督的一部分。

（二）学术管理层面：控制与自由的统一

高等教学制度的制定应该以自由为理念，培养学生的兴趣，给予学生发挥其长处的空间，尽可能打造好的学习环境，满足学生求学的意愿，注重师生的自由发展。不仅要在学习方面增强抉择性，还要在管理方面适当放宽政策。也就是说，要特别注重学生的学习和教育事业的独立性。德国教育学者指出，接受高等教育的人应该自主掌控命运，他们不该被制定的制度所影响，而是应该自主地掌控自己的未来。他说："在不久的将来大学生们都是推动社会进步的人才。事实上，大学生是大学中的一员，从幼稚变得成熟。他们享有自由的学习权利。要想孕育出自主的品格以及科技人才，年轻人要学会冒险。所以，自由的思想和独立的人格乃是培养学生创新性和个性化的保障。"教学的独立自主同样成为任课老师的根本要求，因而对教学的监督同样需要采用独立自主的方式。高校教师的教学方式大多表现出独立自主、个性化的特点，方式多样，每个人的教学风格各具特色。因此，对教师进行监督也是有必要的，但鼓励教师自我监督才是最重要的。只有保障教师教学的自由，才能使教师的专业得到充分自主的发挥。

## 第二节　我国高校教学管理制度的发展历程及现状

### 一、我国高校教学管理制度的发展历程

（一）中华人民共和国成立前的教学管理制度

1. 清朝末期的教学管理制度

清朝末期的京师大学堂是维新运动的产物，是我国近代大学产生的标志。按照《京师大学堂章程》，其课程设置贯彻中西合并原则，将课程分为普通学和专门学两大类，并设置五种外语，30 岁以下的学生必须选择一门。大学堂将学生"分列班次，循序而升"，不仅分班教学，而且在一定程度上尊重学生的自由。大学堂采用积分法，还有月考，并及时公布学生的成绩，给学生造成一种竞争的学习氛围；在日常管理方面，还制定了涉及招生、课堂纪律、考勤管理、住宿管理及日常行为等多方面的管理方式。

2. 1912 年至 1920 年的教学管理制度

1912 年颁布的《大学令》和 1913 年颁布的《大学规范》是我国近代大学"教授治校"的起源。1912 年以后，京师大学堂改名为北京大学，1917 年蔡元培担任北京大学的校长，遵循德国的"洪堡传统"，对北京大学进行了一系列改革，建立了新的领导管理体制，在教学管理上体现了教授治校的思想。经过这种管理体制的改革，确立了教授治校和资产阶级民主制度，这有利于提高管理效率，在当时起到了重要的示范作用。1918 年，蔡元培在北京大学推行了包括改"学年制"为"选课制"、规定必修和选修科目、增开新课程等在内的一系列教学管理制度改革。1921 年 6 月，我国近代第二所国立大学——东南大学在南京成立，校长郭秉文以美国大学教育制度为蓝本进行改革，如校内设董事会、实行校长领导下的"三会制"（评议会、教授会和行政委员会）等。

20 世纪 20 年代，教育部颁布了一系列教育政策和法规，形成了政府教育管理的一套制度。其中对高校影响最大的是"壬戌学制"和《国立大学校条

例》。"壬戌学制"也称"新学制",是我国近代教育制度从学习日本、德国转向学习美国的标志,它是近代教育史上实施时间最长、影响最大的一个学制。《国立大学校条例》肯定了北京大学和东南大学的改革实践,承认了"教授治校"的思想和管理体系,可以将其看作我国近代高等教育从模仿日、德到模仿美国的这一转变的完成。

3. 20 世纪三四十年代的教学管理制度

20 世纪三四十年代,当时的政府在高校教学管理制度上颁布了《大学规程》《大学组织法》等一系列法规和文件,明确了大学的学制、课程管理等制度。20 世纪三四十年代,教育部颁布了《大学行政组织补充要点》《独立学院及专科学校行政组织补充规定》和《中等以上学校导师纲要》等制度,这些制度虽然在一定程度上完善了高校教学管理制度,但是其在训导制度、学生的学习科目和年限、考试与学籍管理制度、课程学习制度等方面都具有很大的局限性,在一定程度上是教学管理制度的一种倒退。在中华人民共和国成立前夕,高校教学管理制度发生了新的变化,教学管理活动有所增强,大学系行政和系主任在教学管理上拥有一定的自主权,教学管理规章制度呈现开放性和灵活性等趋势。这一时期,胡适推行了治校新计划,包括实行学分制、导师制等旨在保障学习自由的制度和改革措施,这些制度与措施对今天高校教学管理制度的改革仍然具有重要的参考价值。

(二) 中华人民共和国成立后的教学管理制度

1. 中华人民共和国成立初期

中华人民共和国的成立标志着中国教育事业进入了一个全新的发展阶段,教育理论转变为向苏联学习。1956 年至 1966 年是我国开始全面建设社会主义的 10 年,在教育领域,也是我国进行独立探索和曲折发展的 10 年。1957 年 2 月,毛泽东同志在《关于正确处理人民内部矛盾的问题》的报告中指出:"我们的教育方针,应该使受教育者在德育、智育、体育几方面都得到发展,成为有社会主义觉悟的有文化的劳动者。"这是 1949 年后我国明确提出的第一个教育方针。

中华人民共和国成立以后,我国实行计划经济,按国家计划进行资源配置与人才培养,学生由国家统一培养,统招统分。而学年制正适应于此种环境下的教学管理制度。在这种教学管理制度下，我国高等教育为社会主义事业培养了大批建设人才，但学年制存在着一些无法克服的问题。

2. 改革开放以后

十一届三中全会以后，我国高等教育发展进入了一个新的历史时期。改革开放使我们有了广泛了解世界的机会，而与发达国家之间在科技与教育方面的差距使我们在主动借鉴外来有益经验的同时，又一次置身于外来影响之中。改革开放后我国高校教学管理制度的发展体现在如下两方面。

（1）观念转变

我国高等教育观念发生了巨大的变化。邓小平同志提出："高等学校特别是重点高等学校，应当是科学研究的一个重要方面军。""既是教育中心，又是办科研的中心。"1985年5月27日，中共中央政治局讨论通过了《中共中央关于教育体制改革的决定》，明确提出："有计划地建设一批重点学科。重点学科比较集中的学校，将自然形成既是教育中心，又是科学研究中心。"至此，科研作为我国高等教育的重要职能被明确规定。而这一共识的形成既是高等教育发展规律的必然要求，也借鉴了国外的经验，这对提高中国高等教育学术水平和增强国家科研实力产生了巨大的促进作用。

（2）结构调整

自1985年的《中共中央关于教育体制改革的决定》颁布后，我国高等教育改革进程明显加快。我国按照市场体制和终身教育等要求，反思苏联教学管理模式，改革高校教学管理体制，不断调整专业设置，下放制订教学计划和教学大纲的权限，扩大教学自主权，保障教学自由，不断完善教学管理的规章制度，注意协调制度建设中计划性与灵活性、严格管理与增强活力、普遍提高与培养优生等关系，特别是注意改革学年制，积极试点学分制。

改革开放后高校教学管理制度的改革和完善增强了高校教学管理的灵活性，充分调动了广大师生的积极性，在一定程度上满足了市场经济发展和社会进步对人才培养的要求。

从我国高校教学管理制度的发展与变迁历史可以看出，高校教学管理制度经历了由萌芽到逐渐成熟的漫长历史过程，中国社会发展对中国高等教育提出的要求是其发展的决定力量。目前，教育部提出将培养和造就高层次创造性人才作为战略任务来抓，我国高校教学管理制度也将与时俱进，更加完善。

### 二、我国高校教学管理制度的发展现状

改革开放以来，各高校在办学和教学管理方面进行了不断探索，摸索出了对各自而言行之有效的管理方式，形成了各自的管理特色，管理水平也在不断提高，有效保证了高校教学秩序的良性运转，确保了高校为社会主义建设输送大批优秀人才。综合来看，高校教学管理制度的发展现状主要表现如下。

（一）高校教学管理系统的组织结构

结构是系统中要素相互联系、相互作用的方式，是要素在系统内的秩序。由于教学管理内部存在复杂的联系，根据不同的需要，从不同的角度研究就有不同的层次和形式的系统结构。在高校教学组织机构的设置方面，国与国、校与校之间不一定相同，即使在同一个国家也有不同①。

从组织结构来分析，目前我国高校教学管理可分为教与学两个系列，各包括六个层次。其中，在教的方面，由主管校长—教务处—学院—系（部）—教研室—教师形成一个完整的教学工作系列；在学的方面，由主管校长—教务处—学院—系（部）—年级—每个学生组成一个学习系列。教与学两个系列既相互交融、相互影响，且有其自身的独立性。教学管理系统六个结构层次的具体构成如下：

第一层是由学校主管教学工作的校长主持召开行政会议，这是教学管理的决策层。决策层的职责是通过调查研究，进行科学决策，实现宏观调控，校长要全面负责整个学校的教学质量，从学校的定位、总任务、总目标出发，把提高教育教学质量、培养高级人才作为教学管理的中心任务。

第二层是教学管理的职能部门——教务处。它是在校长的领导下，对全校的教学工作进行具体计划、组织和调度的职能机构，教务处的工作主要是确定具体的学科、制定教学目标、制订教学计划、安排教学任务，检查与评

---

① 薛明明，张海峰. 高校教学管理及教学质量保障体系的建设与探索［M］. 北京：九州出版社，2021：69.

估学校的教学工作，对各专业的教学进行管理并对教学质量负责，负责全校的教务行政工作，是高等教育中十分重要的组织机构。

第三层是学院。学院是近年来在高等教育改革过程中应运而生的结构层。由相关学科、系、部组成的学院，更有利于学科交融、资源共享，同时便于学校教学工作的管理和开展。学院主要是根据教务处制订的宏观计划及结合本院的学科特点而组织教学工作的开展，安排部署系、部的工作，对学院的教学进行具体、细致和全面的管理。

第四层是系（部）。这层次的主要任务是组织各专业教师进行教学工作的实施，组织教师进行教学研究工作，总结交流教学经验，提高教师的思想水平、业务水平和教学能力，对教师进行师德、师风教风和学风的建设，建立良好的教师团体，改进教学工作，提高教学质量。

第五层是教研室与年级组。教研室是根据学科和专业特性组织起来的教学科研组织，它是教师的直接管理部门，对教师的教学科研工作进行最为直接的安排和管理。高校年级组的主要工作由辅导员负责管理，年级不同，教学安排、课程的设置就不同，因此在教学中要根据年级的特点和大学生的心理、思想来组织管理，实施阶段性的教学检测、年级学科竞赛以及教师教学状况调查等。

第六层是教师与学生个体。任课教师是教学工作的具体实施者，对本专业课程的教学质量负责，同时还肩负着拓展和深入研究专业知识的责任，教师要不断研究和学习，努力提高自身的素质和教学能力。学生是接受教学的、被实施教育的主体，每个学生要对自己的学习进行自我管理，自觉、合理地安排和选择适合自己的学习方法，支持与配合教师的教学，向教师提出合理建议，并与其他同学进行学业上的交流和探讨。

（二）学分制的推行

学分制是生产力水平提高、科技进步及社会发展的产物。从 20 世纪 80 年代中期开始，我国高校开始试行学分制管理，近年来，随着高校全面推进素质教育和培养创新人才，各高校在实施学分制方面进行了一些探索和尝试，总结了不少成功的经验，使学分制管理模式在理论和实践两方面均得到了新的发展。

　　学分制的特点是以学分作为计量学生学习量的单位，以取得必要的最低学分为毕业标准的教学制度。学生能否毕业，看其是否取得规定的最低限度学分总数，而不以学习年限的长短来衡量。学分制的核心是选择，学生有更大范围的自主选择权，它强调"以学生为本"的核心理念，实际上是"以人为本"的社会理念在教育领域的具体化。学分制的现实意义在于初步确立了学生在教学活动中的主体地位，它是实施素质教育的基本前提和重要内容。

　　近几年来，各高校尝试进行教学制度的改革，试图建立一种既保留学年制计划性的优点，又吸取学分制教学灵活的特点，从而建立起具有中国特色的教育教学制度，这种教学制度在学年制教学的基础上引入了新的内容和机制，如制订具有模块结构特征的"弹性"教学计划，课程设置体现柔性化教学要求；适应压缩必修课，扩大选修课范围和自由度，实行辅修或修读第二学士学位；引入有条件的自由听课机制，搞活教学过程，为优秀学生创造较宽松的成才环境；完善选拔和培养优秀学生的制度，为能力突出的学生创造脱颖而出的教学环境；实行"学分绩点制"，结合"双向选择"的毕业分配制度，让优秀学生提前毕业就业或保送攻读硕士学位研究生；等等。

　　（三）教学管理队伍素质有所提高

　　近些年来，高校办学出现了良好的竞争势头，各高校的领导逐步认识到教学管理对人才培养质量的重要性，教学管理队伍建设得到高度的重视，做到培养、选拔、考察、任用、提高相结合，提高了教学管理人员队伍的素质。

　　高校为教学管理人员提供机会，创造条件，鼓励和支持他们积极参加各种业务培训，使其提高学历层次，掌握丰富的教育理论知识和专业的管理知识，使管理人员懂得管理，学会管理，并不断提高教学管理人员的管理水平和自觉主动性。不少高校改革校内管理岗位的上岗机制，实行竞聘等手段，逐步改善教学管理队伍的年龄、知识与能力结构，使教学管理队伍的结构不断优化，队伍的整体素质逐步提高。

　　（四）教学管理手段得到改善

　　很多高校积极推进校园信息网、图书馆的现代化进程，增设计算机辅助教学以及其他实验教学等现代教育手段和现代化教学管理手段建设，开发了自己的教学管理运行系统软件，并形成了良性运行的校园教学管理局域网。

在教学管理的全过程中，实现计算机、网络技术现代化管理，建立网络教学管理信息系统，涉及教务管理的各方面和各个环节，如培养计划、开课计划、教学任务书、学生成绩、学籍管理、教材管理、师资管理、排课选课管理等。运用了现代化的教学管理手段，使教学信息最大限度地实现数据共享，为学校的教学决策提供了数据支持，提高了教学管理的现代化水平和教学管理的效率。

（五）教学管理的规范化和民主化

近些年来，随着社会主义市场经济的不断完善，各高校都十分注重加强依法治校和依章治教，不断完善教学管理规章制度的建设，严格按制度办事。应《高等学校教学管理要点》的要求，各高校基本上都制定了相应的规章制度。制度的完善和实施大大减少了教学管理工作中凭经验办事和随意管理的现象，使教学管理不断走向规范化。

同时，随着高校内部管理体制改革的不断深入和素质教育的全面实施，高校在教学管理方面进一步走向民主化，不少高校在教学管理中实行"制度公开、操作分开、结果公开"的三公开管理，高校还聘请有丰富教学经验和具有高度责任心的教师为教学督导员，直接参与教学管理工作。

## 第三节　我国高校教学管理制度现存问题的分析

随着素质教育的实施和高等教育发展步伐的加快，传统的教学管理思想、管理方式方法等与素质教育的要求及高等教育的发展特点越来越不适应，教学管理制度、管理方式方法、管理环境氛围以及管理干部素质等方面的问题越来越突出，这些都影响了高校教学管理制度的实施与发展[①]。下面则具体分析我国高校教学管理制度现存的主要问题。

---

① 薛明明，张海峰．高校教学管理及教学质量保障体系的建设与探索［M］．北京：九州出版社，2021：73.

### 一、高校教学管理目标存在局限性

实现教学目标是高校教学管理的出发点和归宿，教学目标对整个教学活动与教学管理过程都有较大影响。目前，我国高校教学管理目标常偏重于层次的整齐划一与外显的局限。这样的目标往往会低估教学过程中出现的各种复杂现象，单凭借外显的行为特征而掩盖了教学管理的深刻性。第一，教学管理的对象是发展中的人，由于学生获取知识、技能的能力不尽相同，因此如果教学管理目标整齐划一，就容易忽视学生个性特长的发展。这和素质教育的理念是相悖的。

第二，外显的行为目标一般不能准确揭示全部活动的内隐因素，如果仅从知识内容出发制定教学目标，那么离开了教与学的具体行为，离开了教师和学生的基础水平，必将产生各种各样的问题。因此，教学管理目标应全面、合理且发挥个性化的导向功能。

第三，目前，我国高等教育正面临着前所未有的巨大变革，影响学校教学管理的因素呈现出越来越大的随机性。这就要求学校能随时随地根据实际情况的变化迅速调整相关的管理对策，如果教学管理目标只局限于某一方面，那它在适应环境变化方面就表现为僵化有余、弹性较低，不能很好地适应形势的发展。

### 二、高校教学管理组织的运作模式单一

模式是再现现实的一种理论的简化形式。目前，在我国高校教学管理中一般采用的都是等级制的管理模式，即从校长到学生，一级抓一级的方式。至于学生的表现如何，校长的管理能力如何，这中间受到太多因素的影响，在教学管理中，人与人之间相互影响，个人的行为受到约束，但通过宣传交流和互换角色的方式，可以解决一些问题，如学生代表与校长面对面交流，行政人员与教师进行交流，教师与学生进行合作管理等。

教学管理模式多种多样，各校应在管理实践中选择适合本校校情的模式，并不断研究新的管理模式，以适应高校发展的需要。

### 三、高校教学管理体制僵化

从教学管理来说，我们总是把严格管理作为一种"以不变应万变的方法"，片面地强调"严师出高徒"，忽视柔性管理，从而形成严格规范有余而灵活变通不足的现状，管理上过分强调循规蹈矩，管理的工具性大于人本性，管理体制比较僵化，学生和教师几乎被卡得不能动弹。此外，教学管理缺少完善配套的宣传咨询、反馈、监督和评价机制，呈现出一个封闭状态。具体来说，高校教学管理体制僵化的问题体现在以下四方面。

第一，专业选择。学生在进入大学前，不能对自己所选择的专业了解清楚，何况很多学生的专业是家长或老师做主选择的。进入大学后，经过一段时间的学习，学生可能觉得其他的专业更适合自己，因而要求学校准予其调换，但这很难实现。学生如果对自己的专业完全失去兴趣，学习必然会成为负担，这不利于学生成才。

第二，教学计划。教学计划是培养人才的实施方案，课程是学生学习知识的依托。教学计划的制订和修改应该是专业院系根据各自专业的人才培养要求来自己安排，但实际情况是教育主管部门和学校做出统一规定，院系（专业）只有小范围的"选择填空"的权利，专业教学计划一旦确定下来，几年内就几乎都是照本实施，不会有大的调整，即使专业知识在不断更新发展，计划的"权威"也难以撼动。

第三，课程设置。高校各专业的课程差不多是铁板一块，缺少多样性特色。开设课程基本上不考虑学生的主体要求，仍然是以教师主导型为主，有些课程内容重复，却总是必修必考；有些课程（如方法技能类课程）是学生特别感兴趣又有助于培养学生能力的重要课程，但安排得非常少；而一些内容陈旧乏味的课程更是难以淘汰掉。其实，从一定意义上讲，课程比专业更重要，而课程设置的局限性影响了全面型人才的培养。

第四，学分制和选课制。目前，高校几乎都实行了学分制及选课制，应该说是能够最大限度地适应学生的个性差异，让学生能自主决定自己选修的专业、课程、教师等，但实际执行起来却很难。学生面对的仍然是很多安排得比较满的必修课，很少有机会选修自己感兴趣的课程，更不可能系统地选修另外一个专业，从实际看来，选课差不多就是选时间，没有时间也不可能选课。再加上教师资源缺乏、教学计划缺少弹性、教学管理手段落后等原因，选修课的安排缺少滚动机制和灵活度，学生可选择的范围十分有限，最终的学习结果体现不出个性特色。

### 四、高校教学管理方法过分强调集中性和统一性

高校教学管理方法就是实现教学管理目标、完成教学管理任务的基本手段。掌握并运用有效的管理方法，对于提高管理绩效具有十分重要的意义。素质教育要求教育创新、科技创新、人才培养创新，那么教学管理方法同样要创新，不能总是采用少数的几种传统管理方法。学校教学管理本身就具有权威性、强制性和垂直性等特点，如果管理方法上不注意创新，难免会造成主观主义和命令主义的错误倾向，从而伤害教师和学生的自尊与感情。但就目前的情况来看，我国高校教学管理方法依然过分强调集中性与统一性，缺少民主性与灵活性，在科学教育飞速发展的今天，要想在管理上出成绩、出效益，就得解决这一问题，灵活选择适当的方法，有效组合使用各种方法，从而达到事半功倍的管理效果。

### 五、高校教学管理评估体系不健全

教学质量评估是教学管理改革的一项重要举措，它不仅有助于教学管理部门对课堂教学进行监控，而且能够最大限度地调动教师的教学积极性，从而提高教学质量。1990 年 10 月，国家教委在总结开展高校教学质量评估和试点工作经验的基础上，将教学评估研究的一般规律同我国基本国情结合起来，制定并颁布了《普通高等学校教育评估暂行规定》，使教学质量评估在高等学校中广泛展开，高校教学质量评估工作逐步走向规范化。但是，随着素质教育的推行和高校管理体制改革的不断深化，教学质量评估体系有待进一步完善。当前高校教学质量评估中主要存在以下四个问题：评估的认识存在偏差，评估功能和模式单一，评估技术水平不高，对教育评估缺少再评估。

## 第四节　我国高校教学管理制度建设策略

### 一、转变高校教学管理理念

对高校教学管理制度进行改革，首先要以观念的转变为先导，树立现代化的管理理念。教学管理的现代化既是高校管理系统现代化发展的需要，又是社会系统现代化发展的需要。教学管理现代化是促进管理系统中人际关系不断和谐化，组织机构及资源配置合理化、科学化，运行机制不断完善、优化的过程，是持续深化管理改革的过程。管理现代化的内容包括管理思想现代化、管理组织现代化、管理方法现代化和管理手段现代化。树立现代化的教学管理理念，主要就是突出教学管理思想的现代化，具体要树立刚柔相济的管理理念、竞争与合作相结合的管理理念及权力集中与民主管理相结合的管理理念。

### 二、重构高校教学管理组织

教学管理组织是一个复杂的系统，它具有多目标、多层次和组织活动开展的多序列性。教学管理组织中倡导团结协作、合作共处的集体精神，在教学管理的组织构建中，应首先以协作为基础，应特别强调学校领导层成员之间的协作和教学操作层成员之间的协作。

高校教学管理组织的重构要体现以人为本的管理思想，应把构成组织的个人看作最重要的因素，力求使每一个教职工的合理需求都能得到满足，获得完成教书育人工作的动力，实现"人尽其才、各尽所能"的目标，重视人才的科学选拔、优化组合、合理安排、奖惩激励等工作。为此，要实施以下两种策略：

其一，教学管理组织的中心下移，即各学院、系、部、研究中心成为教学管理的实体性组织，充分调动学科带头人、教学骨干、科研人员的积极性和创造性，真正实现学校工作从以行政为中心转向以教学为中心，并以从事教学、科研第一线的教师为主体。

其二，重视和强化教学管理组织的自我监督职能。重视和强化教学管理组织的自我监督职能，是提高教学质量、保障教育公平的关键所在。自我监督能够促使教学管理组织内部形成严谨的工作作风，主动发现问题、解决问题，而非被动等待外部的督促和整改。首先，建立健全自我监督机制。明确监督的标准和流程，让每一项工作都有章可循、有据可依。同时，设立专门的监督小组，负责定期对教学管理的各个环节进行检查和评估，及时发现潜在的风险和不足。其次，加强人员培训。让教学管理组织的成员充分理解自我监督的重要性，掌握有效的监督方法和技巧，提高自我监督的能力和水平。再者，引入信息化手段。利用大数据、人工智能等技术，对教学管理的数据进行实时监测并分析，及时发现异常情况，为自我监督提供有力的技术支持。最后，完善反馈和整改机制。对于自我监督中发现的问题，要及时反馈给相关责任人，并督促其制订切实可行的整改措施，确保问题得到有效解决，不断优化教学管理工作，为学生提供更优质的教育服务。

此外，高校教学管理组织的重构还应建立网络化的结构体系。随着网络技术和媒体技术在高校教学中的广泛应用，对教学管理组织产生了重要的影响。教学管理组织网络化意义重大，如能缩短教学与其他组织的时空距离，使教学管理更加开放；能减少教学管理层次，丰富教学管理组织的信息资源；能促进自主型组织结构的形成；等等。自主型组织是指学校组织无论在什么条件下，都能根据学校目标去调整自己的行为，使学校组织具有自我激励、自我约束、自我发展和自我调控的功能。网络化组织适应了时代的要求，推进了管理方式的优化，也促进了管理思想的转变，强调被管理者的积极性，强调社会多元化，要求管理思想从客体管理走向主体管理。表现在具体教学管理的过程中，就是由知识和劳动技能的培养转向提高劳动者的素质、培养学生新的理念，使学生学会求知，学会做事，学会共处，学会做人，充分发挥自己的潜能，成为21世纪社会的主人。

### 三、完善高校教学管理体制

（一）充分发扬民主，权力重心下移

随着教学管理体制改革的全面展开以及改革进程的推进，分配制度、用人制度、领导决策制度、组织机构的调整等各项改革最后必然归结到高校内部权力结构的调整。所谓权力结构，是指权力在管理各阶层和高校内部各不同利益群体间的分配，以及它们相互之间的作用关系①。

1. 从高校内部横向权力结构进行审视

首先，扩大高校学术民主管理的权力，使教师拥有治学权和参与决策权是改革的方向。这是由高校学术活动的内在逻辑决定的，个人的或系统的权力基于高等教育系统的底部——学科。当前我国高校的学术行政管理几乎代替学术民主管理，广大教师置身事外，缺少对学校目标任务的认同感，学校凝聚力和活力降低，也限制了学校生产力的提高。

其次，决策权和执行权适当分离，健全决策系统和执行系统。目前，高校各级行政组织管理机构的管理者既是决策者又是执行者，因决策与执行没有适当分离，这样便出现两种现象：一种是教授要参与管理，就必须具体兼任某一行政职务；一种是各校在学院制改革过程中，理论上系作为专事教学科研的组织机构，不承担行政管理事务，而系主任感到没权，反而不愿意担任这一角色。教师参政主要体现在监督权与参与决策权，而不是要具体担任某一行政职务。因此，高校必须建立和完善决策机构、咨询审议机构和监督机构，并且赋予各机构应有的职能，尊重教师参与管理和监督的权力。

最后，权力必须适当分散，使权力在不同利益群体间合理分配。我国大多普通高校决策机构既没有充分吸纳广大教师、教授，也没有吸纳校外各界人士，缺少普遍代表性。对此，我们可以借鉴美国大学的董事会、英国和法国大学的理事会、日本筑波大学的评议会，吸收不同利益群体参与高校决策，体现高校教学管理的民主化特征。

2. 从高校纵向权力结构进行审视

多数高校通过改革已实行校、院、系三级管理体制，但学校如何与学院分权仍是一个有待探讨的问题。鉴于学校规模的不断扩大，而权力又过分集中在上层的现状，要使院系成为相对独立的办学实体，拥有一定的自主权，以增强基层自主适应能力和自我寻求发展的动力，就必须使权力重心下移。

---

① 高新芝. 独立学院管理概论［M］. 重庆：重庆大学出版社，2013：182.

院系的特色是形成学校整体特色的立足点，今后一段时间内应该把基层学科和课程的调整和设置权、科研项目管理权、教师聘用权、资源分配权、人事权等学术、行政权力适当下放给院系一级。

（二）提高管理的专业化水平

现代高校组织的复杂性、功能扩张、参与社会领域之深入等使得管理本身成为一门专门的学问。基于对高校教学管理的规范化、制度化和高效化的客观要求，提高高校教学管理的专业化水平成为迫切的需要。就高校本身而言，要推进管理的专业化，则需要从以下四个方向努力：

首先，树立"管理是科学、管理出效益、管理是生产力"的理念；

其次，高校组织结构的改革必须遵循学习型组织设计的原则，让管理者和组织成员不断获得与岗位相适应的管理技能与知识能力的训练；

再次，提高管理的专业化，培养专业化的管理队伍；

最后，正确处理高学历与专业化的关系，提高管理者的学历和职称水平，强调学历不一定是唯学历主义，而是要求管理者有较高的专业化水平，掌握与时代发展相适应的知识与方法，从而在教学管理中更好地发挥自己的专业水平和重要作用。

**四、建立高校教学质量的评估制度与监控体系**

随着我国高等教育改革的深入发展，各高等院校在办学规模、学科建设、专业设置等方面都有了很大的变化。深化教学改革，加强教学管理，培养面向 21 世纪的高素质人才，已成为各高校发展的努力方向。因此，高校必须建立一整套科学、规范的教学质量评估制度和监控体系，以保障教学水平的稳步提高，只有建立健全富有活力的教学管理制度，才能充分调动教师教学的积极性和创造性。

现代教育理论注重建立教学质量评估和监控机制的目的在于通过对教学质量的科学评价，找出影响教学质量的主要因素，有针对性地提出改进措施，从而不断促进教学质量的提高。对此，要树立引入监控机制的整体教学观念，既关注形成性评价和诊断性评价，又关注终结性评价；既关注目标性评价，又关注条件性评价和过程性评价。把过程管理和结果管理结合起来，从不同方面收集反馈信息，结合科学教育理论的认识、指导与分析，真正认识和了解影响教学质量的各方面因素，认识到建立教学评价和监控体系对提高教学质量的重要意义。

建立科学的教学质量评价体系，要在教学管理过程中逐步取代经验型管理和简单化评价，从而过渡到科学化管理。建立教学评价体系既可以成为教师获取教学反馈信息的基本途径，又可以作为促进教学工作提高教学质量的一种有效手段。教学质量是高校教学中永恒的主题，通过评价教学质量而建立完备、科学的教学管理体制，使教学管理工作从教育观念到具体管理方式上都体现出教师与学生的发展。建立教学质量评价体系虽然不是提高教学管理水平的唯一途径，但健全教学质量的监督体系在一定程度上可以提高我们对教学质量及其影响因素的认识，从而推动教学工作的有序开展。

第三章

# 高校教学管理方法研究

## 第一节　高校教学管理方法概述

### 一、教学管理方法的基本概念和特点

（一）管理方法、教学管理方法的概念和内涵

所谓方法，是指人类认识和改造客观世界所采用的方式和借助的手段。方法由人们掌握和运用，服务于认识世界、改造世界和取得某种成果、获得效益，是与人们的特定实践活动相联系的。管理方法就是运用管理科学理论和原理，解决管理活动中的实际问题，提高管理功效，实现管理目标所采取的方式、手段和措施。

教学管理是一种有目的的社会实践活动，教学管理方法就是管理者在教学管理全过程中，运用管理科学理论和教学管理原理，为解决教学管理中的各项具体问题、保证教学活动顺利进行、实现预定教学管理目标而采取的各种管理方式、手段、技巧、措施和途径①。这一概念包括四层含义：其一，它界定了掌握和运用教学管理方法的主体——管理者；其二，它表明了教学管理方法贯穿于教学管理的全过程；其三，它明确了运用教学管理方法的目的是为了解决教学管理问题、实现教学管理目标；其四，它指出了教学管理方

---

① 郭芹，方来，高春艳．现代教学管理与校园建设研究［M］．长春：吉林人民出版社，2020：58.

法在活动方式、管理手段、工作措施等方面具有多样性。

（二）高校教学管理方法的特点

教学管理方法是管理科学理论和方法在教育教学领域的移植、借鉴和发展，是教育学理论和方法在教学管理中的具体运用，因而它既具有一般管理方法的特点，又具有自身的性质和特点，主要体现在以下六方面。

1. 目的性

教学管理是一种目标明确的有目的的活动，它通过管理目标来引导管理过程，充分发挥教师、学生投身教学及质量管理工作的积极性和创造性，使教学管理真正起到推动教学改革、促进教学质量提高的目的。而教学管理方法就是为实现这种目的、达到这一目标而采取的管理方式和手段。由于目的和目标具有多样性，因此也就有多样的管理方法和管理手段。

2. 科学性

教学管理方法是以科学先进的管理思想为指导的，在管理科学中已经形成并在实践中被证明是行之有效的管理方法与手段等，都是以直接或间接地渗透和移植到高校教学管理中来，如系统论、控制论、信息论、耗散结构论、协同论、全面质量管理理论、决策理论以及数理统计、网络技术和计算机技术等，在教学管理理论和方法中都能充分体现并加以运用。

3. 中介性

教学管理理论必须通过教学管理方法才能在管理实践中发挥作用。教学管理方法是现代管理原理和教育教学理论的自然延伸和具体化，是管理理论指导管理实践中必要的中介和桥梁，是实现教学管理目标的途径和手段。

4. 规范性

教学管理方法具有很强的规范性和原则性，它为教学管理的具体活动、各项工作指明了必须遵循的途径、程序和方式。这些程序和方式不能轻易打乱，否则就会导致方法失效。当然，教学管理方法也要突出弹性管理，尽可能地减少不必要的规范、规定和要求。

5. 普遍性

教学管理方法大多具有抽象性和普遍性的特征，亦即各种方法都扬弃了教学管理过程中各自的具体特点，只着重于管理过程的一般性特征和普遍性问题，侧重于管理活动中的共同规律性。普遍性较高的教学管理方法，可以适用于各种具体的情况，运用于各种不同的管理范围和活动领域。当然，有些具体的管理方法则具有较强的针对性。

6. 系统性

一方面，每一种教学管理方法都自成体系，都有其内在的系统特征，包括有明确的目标和功能，一定的程序、步骤、方式和途径，一定的约束条件和适用范围等。另一方面，各种管理方法相互联结、相互依存，促进管理方法呈现整体化运作，形成教学管理的方法体系的多样性。高校教学管理因管理活动的主体、对象、内容、形式、目的等的多样性，而采取不同的管理方式和方法，以保证教学管理目标的达成。

## 二、教学管理方法的功能与作用

"工欲善其事，必先利其器"，这里的"工"是指工具，也可视为方法。方法是提高效率、创造质量的实践工具，做任何事情都要讲究方法，方法自古就为人们所重视。古今中外，无论是政治家、科学家还是管理学家，都十分重视方法问题，因为科学的方法一旦形成，就能指导他们有效地思考和行动。高校教学管理方法是用以实现教学管理目标、开展教学管理活动的具体方式和手段，它是否科学、合理，直接影响教学管理的质量和成果。高校如果缺少科学的教学管理方法，即便有正确的管理目标、健全的教学管理体制、运行机制和现代化的管理手段，也难以做好教学管理工作。这是因为教学管理方法具有以下功能和作用：

（一）导向功能

培根曾说过："跛足而不迷路能赶过虽健步如飞但误入歧途的人。"这说明了方向正确的重要性。教学管理方法是为完成教学管理任务，达到教学管理目标而采取的具体方式和途径，是贯彻管理原则的重要手段。管理原则是用来指导管理实践的准绳，在实践中，原则对工作的指导总是借助于管理方法的选择和运用来实现的。因此，教学管理方法是将教学管理导向成功的方式，如果没有教学管理方法的导向和中介作用，教学管理过程就会因失去目的和方向而陷于混乱，各项管理工作也会偏离正常的运行轨道。

### （二）纽带功能

工作任务好比过河，而工作方法好比桥或船，这充分说明方法具有纽带功能。教学管理的每个环节、每一层次、每一次具体的实施操作过程，都是管理主体与客体多种因素相互交叉、相互作用的结果，而教学管理方法则是教学管理活动的主体与客体相互联结的方式和纽带，是沟通两者的中介和桥梁。在实际教学管理过程中，管理者往往借助于管理方法将管理理论与管理实际联系起来，将教学管理目标从抽象的精神形态逐步转化成现实的物化形态，以实现教学管理的功能，达到合理配置教学资源的目的。

### （三）激励功能

教学管理的主体是人，管理的对象也主要是人，高校教学管理成功与否和效能的高低，在很大程度上取决于管理参与者，即人的积极性和创造性是否得到充分发挥。因此。教学管理的一个重要任务就是如何激发管理参与者、广大师生员工的主动性、积极性和创造性的问题。高效能的管理者一般是在深入分析与研究学校教学管理活动及其客观规律的同时，仔细认真地了解广大师生员工在精神与物质上的各种需求，通过选择和组合科学的管理方法而实现对师生员工精神激励与物质积累的有机结合，建立更为灵活化的沟通、评价与激励机制，以保证教学管理目标的达成和教学质量的提高。

### （四）效率功能

"方法好，多快好省事半功倍；方法不好，少慢差费事倍功半。"管理方法是提高管理效率的重要因素，是促进管理方式由粗放式管理向高效化管理转变的重要手段，先进正确的方法往往能起到事半功倍的作用。高校教学管理活动、管理过程实际上是教学过程中的人力、物力、财力等资源的配置过程，教学管理方法最重要的功能就是把教师、学生、教学资源、信息等各种因素合理地组织起来，有机地协调成一个多功能、多层次、多属性的综合教学系统，使教育教学资源的配置达到合理化和高效化。在高校教学管理实践中，任何一项管理工作，只要选择和运用管理方法得当，就能节省工作时间，提高管理教率和办学效益，做到物尽其用、人尽其才、财尽其力，付出最小的代价换取最佳的效果。

### 三、运用教学管理方法应注意的几个问题

在高校教学管理中运用上述方法时，还应注意以下四点。

（一）要注重吸收传统管理方法中的有益成分

所谓传统管理方法，是指在管理尚未作为一门独立的学科诞生之前，管理者自发地凭借经验积累起来的整套管理方法。其特点是管理者普遍关注传统的延续、历史的类比、经验的积累、定性的分析以及主观的判断和想象等，借助的手段也比较原始和简单。但传统的管理方法也有许多科学的成分，对我国高校在长期办学实践中形成的一套传统的管理方法，不应全盘否定，而要加以科学总结和合理吸收利用。

（二）以事实为依据，尽量用数据说话

全面质量管理（Total Quality Management，TQM）的一个重要思想就是数据管理，主张用数据和事实对质量现象进行分析和反映，做到在数据面前人人平等，反对凭主观印象、经验和感觉进行质量管理。在高校教学质量管理过程中，也要坚持实事求是，尊重客观事实，尽量用数据说话。真实的数据可以定性反映和定量描述客观事实，给人以清晰明确的数量概念，纠正过去那种"大概""好像""似乎""可能"的凭感觉、靠经验的工作方法，做到用事实和数据说话，把教学质量管理建立在科学的基础之上。

（三）广泛运用科学技术和现代管理科学的新成果

全面质量管理是现代科学技术和现代化大生产发展的产物，所以它广泛地运用了科学技术和现代管理科学的最新成果，如先进的专业技术、检测手段、计算机和网络技术以及系统工程、价值工程、网络计划、运筹学等先进的科学管理方法。高校教学管理方法不是一成不变的，而是在不断移植、汲取、引进各种管理科学理论和自然科学及社会科学方法基础上的不断丰富和创新。高校教学管理也要本着一种开放的态度，引进现代管理方法，特别是系统论、控制论、信息论、全面质量管理、决策科学等现代管理理论和管理方法，并注重运用计算机、通信技术、网络技术等现代科技手段，增强决策和管理的科学性。

## （四）注重教学管理方法的优化组合

教学管理过程是一种目标多元、方式多样、过程动态化的管理活动，因而对教学管理方法提出了很多要求，也需要有综合和系统的方法来保证教学质量。俗话说，"管理有法，又无定法"，这说明了管理方法选择的灵活性与多样性特点。目前的教学管理方法都有长处和短处，高校教学管理的复杂性也导致单一的方法难以奏效。因而教学管理者应因时制宜、因地制宜，对教学管理方法做出多种不同的组合和不同的选择，不应拘泥于某一方法而忽视其他方法的运用。教学管理方法的选择组合及运用是否最优化，关系到教学管理活动的效率和质量。

## 第二节　高校教学管理的系统科学方法研究

### 一、教学管理的系统方法

高校教学管理特别是教学质量管理作为高校管理的重要组成部分，是一个相对独立的子系统，并对高校管理系统产生影响。因此，系统科学的思想和方法就成为建立高校教学管理系统的理论基础。只有用系统论的观点和方法审视高校教学管理问题，研究教学管理系统各要素的相互联系与相互影响，分析系统的结构与功能，才能实现教学管理的科学化和现代化。

（一）系统分析的程序

运用系统方法必须按科学程序办事。高校教学管理中的许多重大问题，因其联系复杂，约束因素多，所以，无论是决策还是指挥、控制，绝不是可以靠少数人的狭隘经验和主观臆断就可以解决的，而应遵循系统分析方法的一般步骤和程序——提出问题，明确目标；收集资料，分析问题；提出方案，建模选优；组织实施，控制调整。

（二）系统方法的基本原理及在高校教学管理中的应用

系统管理是现代管理科学的重要组成部分，它是以系统论作为管理的理论依据，应用系统方法对管理对象进行科学管理的模式。现代教学管理系统是把教学管理活动中的人、财、物、信息和时间等各种基本资源经过合理的组合和有效的利用，最大限度地发挥其作用，完成教学目标的一种管理组织系统，是由人的系统、组织系统、物的系统、信息系统等组成的多因素、多序列、多层次的复杂系统。高校教学管理活动是一个复杂的系统，它具有自身的构成要素、层次和功能等系统特性，如教学管理对象的复杂性与客观性、教学管理过程中诸多要素的相关性与有序性、教学管理主客体关系的能动性与约束性、教学管理环境的动态性与多样性等。教学工作的系统化管理，就是根据教学工作本身的规律和特点，运用系统科学的方法，把整个教学管理过程作为一个系统进行研究，以求得整体上的最优；通过组织，协调不同系统的关系，使再组成要素和结构组成一个协调运行的整体，以达到系统的整体性目标，达到提高管理效率和人才培养质量的目的。因此，系统方法是高校教学管理的一类非常重要的方法，其基本原理和应用内涵主要体现在以下五方面。

1. 管理工作的目的性

目的性是系统论的首要思想，开放系统在与环境的相互作用过程中会达到一个稳定的状态，这种状态表明该系统具有目的性，系统的目的性就是系统的功能所表现的趋向性、方向性。在企业质量管理中，要确定质量管理方针目标，它是质量管理体系的基础，各子系统要为达到这一目标而共同努力。质量方针目标是企业运行的行动纲领和方向，指导质量管理体系的建立，包括进行质量职能分解、组织机构设置、过程的确定、资源的分配等。在高校，教学管理主体与管理对象都处于特定的教学质量管理系统中，教学管理主体必须运用系统理论组织教学质量管理活动，运用系统方法调节、控制教学系统的运行，最终引导教学管理对象实现预定目标，这也是教学质量管理目的性的体现。根据系统方法的目的性原理，任何管理行为都是为了实现系统的价值目标。高校教学质量管理系统的价值目标主要包含两方面：一是全面提高教学质量，使培养的人才适应经济社会发展的需要；二是提高教学及质量管理工作的效率和效益，两者要有机结合，不可偏废。因此，作为高校的领导，必须紧紧把握住教学质量管理的价值目标，不仅要制定出符合本学校、本单位特点的，并与教育方针相一致的总体人才培养目标，而且要指导下属各部门、各单位都要围绕这一总体目标制定出协调一致的具体目标。当子系统的目标与整体目标产生矛盾时，要以实现总体目标为准则。各级管理者还要善于把握目标的发展方向，消除各种影响系统目标实现的干扰因素，确保教学质量管理价值目标的实现①。

2. 管理系统的整体性

整体性是系统方法论的核心和基础。系统论创始人贝塔朗菲提出："系统是由两个以上要素组成的具有整体功能的组织行为的统一整体。"也就是说，系统是指由两个以上相互作用、相互联系的要素、元素、部分、环节，按一定层次和结构组成的具有特定功能的有机整体。"整体大于部分之机械总和"，这一命题是系统整体性的集中体现，所以整体性又称"非加和性"。系统的整体功能不等于各个要素之功能的相加，而是要大于各部分功能之和。系统的各部分在组成一个整体后，各部分不再只是发挥其原来的功能，而是互相有机地结合在一起，产生出总体的功能。这种功能的产生是一种质变，是原来各部分所不具备的。它要求高校教学管理者在研究和处理问题时，要牢固地树立全局观念，始终把管理对象看作一个有机整体，而不是孤立地研究它本身，否则就会犯"头痛医头，脚痛医脚"的毛病。研究任何问题，首先都要弄清它处在一个什么样的系统之中，它所处系统的性质和整体目的，它在这个系统中的地位和作用，它与该系统中其他各因素的关系，这个系统所处的环境条件等。只有把这些问题弄清了，才能正确地对它进行判断，才能保证整体的优化，达到配合整体功能的要求。

3. 管理要素的相关性

系统论认为，系统就是相互关联和相互作用的一组要素构成的整体。系统的相关性是指系统内部要素与要素之间以及系统与外部环境之间的相互联系、相互依赖、相互作用的特性。它告诉我们，系统各要素之间、要素与整体之间、整体与整体之间、本系统与外系统之间存在着普遍的相互联系。因此，系统内外任何要素的存在、运动、发展、变化，都与其他要素相关，并在系统的内、外部形成一定的结构和秩序。高校教学管理系统是社会系统和

---

① 胡庆喜. 高等学校院系建设与管理实务全书：一 [M]. 长春：银声音像出版社，2004：167.

学校管理系统的一个组成部分，是社会和学校大系统的一个子系统。一方面，社会上的政治、经济、科技和文化等因素的变化，影响着高校的人才培养和教学管理工作，只有重视教学及其管理系统与社会环境的相互作用，教学管理才有生机和活力；另一方面，要保证教学管理系统与学校管理大系统中的教师管理系统、学生管理系统、科研管理系统、后勤管理系统之间的协调发展。当然，高校教学管理系统自身也要处理好各部门、各层次、各要素之间的相互关系，并将其合理组合起来，实现交叉和整体优化。比如，在实施学分制教学改革时，应从提高教学管理水平、实现人才培养目标这一整体功能出发，综合考虑学分制的课程结构、教学方式、教学组织形式、教师资源、学生管理模式、选课信息管理等相关因素的配合与协同情况。

4. 管理结构的层次性

系统是由不同层次的等级结构组成的有机整体，无论是结构，还是功能，系统都可以划分为不同的等级层次。高一级系统包含低一级系统（子系统），而低一级系统往往是高级系统的要素（子系统）。它告诉我们，系统要素的结构与功能之间存在着不可分离的关系，通过对系统要素的等级层次的有序化建构和协调，可以实现系统整体功能的最优化。因此，在分析和认识系统整体的性质、目的和要求的基础上，还要将整体加以分解，对系统的各个因素及其内部结构进行必要的分析。对高校教学工作进行系统管理，也要讲究管理的层次性，实现校、院、系等教学管理组织机构的分级管理，实现各个层次的相对独立、各司其职。

5. 管理过程的动态性

在系统论看来，任何系统都是一个运动过程。系统方法要求我们以动态的观点去分析考察事物的运动状态和运动过程。从明确办学定位，进行社会需求和人才市场调查，到确定人才培养目标和培养规格，进而确定课程体系、教学内容和教学过程，再到加以实施、评价等，就是系统化教学管理的过程。课堂教学过程也是一个完整的动态系统，其基本要素有教师、学生、教学媒体、教学措施和教学环境。教学过程这个动态系统，沿着课前备课与预习、课堂传送与接受、课后辅导与复习、课终检查与评定这四个程序运行。课堂教学系统要想发挥其最佳功能，即取得最优化教学质量，就必须按照系统论的整体性和动态性原则，依据整体目标优化系统中师、生、教学媒体等要素，重视并优化课前预习、课堂讲授、课后辅导、复习、课终检查与考试等程序，使之形成一个有序的动态系统。

## 二、教学管理的控制方法

### （一）控制方法的基本原理和步骤

控制论研究问题的基本方法是把研究的对象看成一个整体，称为被控系统，把研究对象受周围环境的作用看成通过特定通道实现的"信息输入"，把研究对象对周围环境作用下的反应看成通过特定通道来实现的"信息输出"，把给定信息作用的结果通过输出信息返送回来，并对信息的再输入发生影响，以起到调节控制作用。与传统控制方法不同的是，现代控制方法不是利用行政干预的方法，而是运用信息反馈的方法，对被控制的对象加以控制。简言之，控制方法就是将给定信息（目标、任务、计划、要求等）输入被控对象，再把对象产生的反应、结果（输出信息）反馈回来，并与给定信息进行比较判断，这当中无须考察该系统内部要素、结构及内容和形式。如果发现这两者有偏差，便采取措施加以纠正，从而消除或减少差距，保证既定目标的完成。

控制方法具体运用起来其形式和步骤有很多，要将其运用到组织（如企业）管理中，一般应抓住以下五个环节和步骤：1. 明确控制对象，如将组织总体目标或将组织中的人力资源管理，作为控制对象；2. 制定控制目标，控制方法上要求将目标任务作为给定信息输入被控制对象，所以在建立控制系统时必须首先制定目标；3. 制定标准规范，要按标准化的原理对所要完成的目标任务（数量、质量、时间）和责任以及考核的办法，制定出明确的标准，形成一套标准化体系，以便能按标准要求执行，并便于考核和奖惩；4. 实现自我控制，控制论方法的核心是被控制对象实行自我控制，凡是组织成员能自己处理的应该让他们自己处理；5. 评价实施结果，控制方法主要是运用信息反馈的方法进行控制，所以要对实施结果进行评价，不仅要对最终结果进行评价，在实施过程中也要及时进行评价，以便按评价的结果进行调整。

（二）控制方法的基本原则

1. 适时性原则

对组织系统在运行过程中产生的偏差，只有及时采取措施加以纠正，才能避免偏差的扩大或防止偏差对组织不利影响的扩散。及时纠偏，要求管理人员及时掌握能够反映偏差产生及其严重程度的信息，如果等到偏差已经非常明显，且对组织造成了不可挽回的影响后，反映偏差的信息才姗姗来迟，就不可能对纠偏产生什么作用。纠正偏差的最理想方法应该是在偏差产生以前，就注意到偏差产生的可能性，从而预先采取必要的防范措施，防止偏差的产生。

2. 适度性原则

适度控制是指控制的范围、程度和频度要恰到好处，防止控制过多或控制较少。控制常给被控制者带来某种不愉快，对组织成员行为的过多约束，会扼杀他们的积极性、主动性和首创精神；但控制过少，将不能使组织活动有序进行，就不能保证各部门活动进度和比例的协调，将会造成资源的浪费和组织活动的混乱。有效的控制应该既能满足对组织活动监督和检查的需要，又能防止与组织成员发生强烈的冲突。

3. 客观性原则

有效的控制必须是客观的，即要根据组织的实际情况，采取必要的纠偏措施，促进组织活动沿着原先的轨道继续前进。客观的控制源于对组织活动状况及其变化的客观了解和评价，这就要求在控制过程中所采用的检查和测量技术与手段必须能正确反映组织活动的真实状况，准确判断和评价组织内各部门、各环节的工作与计划要求的相符或相背离程度，从而制定出正确的措施进行客观的控制。

4. 柔性化原则

组织系统在运行过程中，常常会遇到某种突发的、无力抗拒的变化，这种变化使组织的计划与现实条件严重背离。有效的控制系统应在这样的情况下仍能发挥作用，维持组织的运行。也就是说，控制系统应该具有柔性和灵活性，柔性化控制要求组织制订柔性的计划和明确柔性的衡量标准。

5. 反馈性原则

反馈是控制论中的一个重要概念，它指施控系统的信息作用于受控系统

（对象）后产生的结果的信息，再输送回来，并对信息的再输出产生影响的过程。所谓反馈性原则，就是运用反馈原理，使施控系统数据反馈情况调节受控系统的信息输入，以实现控制的目的。反馈有正反馈和负反馈之分，如果反馈结果不断强化原运动过程或强化偏离目标因素，加速系统的不稳定甚至崩溃，就是正反馈；如果反馈结果不断削弱原运动过程的偏差，使其稳定趋向目标状态，就是负反馈。反馈是系统稳定存在和顺利发展的保证。

（三）高校教学质量管理的控制方法

高校教学过程及其质量管理活动实际上就是一种控制过程，可以运用控制论方法来进行管理。所谓教学质量控制，其基本含义就是按照教育教学规律，通过信息的传递、交换、处理和反馈，对各部门、各系统、各成员的教育教学工作进行有序调控，促使教育教学质量向着预定目标发展。可见，教学质量控制实质上是对教学质量发展的可能性进行有方向的选择并加以调控的过程。

为使整个教学质量管理大系统合理运行，必须建立有效的教学质量控制系统作为保障。教学质量控制系统主要包括目标控制体系、教学过程控制体系、教学信息反馈体系三个部分，它是通过对教学目标的前馈控制、对教学过程的适时控制和对教学信息的反馈控制而形成的一个完整的闭合系统。教学质量控制的有效性，取决于科学的质量控制方法。控制论中的控制方法包括前馈（事前）控制、适时（事中）控制和反馈（事后）控制三种，教学质量控制同样也包括这三种方法，并细分为定向控制、条件控制、程序控制、随机控制、反馈控制、循环控制等具体控制方法，它们构成教学质量控制的有机整体。

1. 前馈控制

前馈控制也称事前控制，即通过系统输入和信息馈入，使之在运行过程的输出结果受到影响之前就做出纠正，它是一种面向未来的控制，其重点在于"防患于未然"。教学质量管理中的前馈控制，是指在教学活动开始之前，对教学准备工作及影响教学质量的各项因素进行分析与控制。这是一种以预防为主的主动的教学质量控制方法。实践证明，前馈控制意识越强，教学质量管理中的失误就越少。前馈控制主要包括定向控制和条件控制两种方法：

（1）定向控制法

控制论认为，不论对何种系统进行优化控制，都必须有明确的控制目标。控制目标是控制活动的最基本的根据，是控制活动的出发点和落脚点。缺少目标或目标不明确，就难以进行有效的控制。同样，如果教学质量管理的目标和方向不明或定向错误，教学质量的管理就会偏离正确轨道。教学质量的定向控制，就是通过建立教学质量目标，控制教学质量向着预定的目标方向发展并纠正出现的偏差。主要措施包括：一是确定人才培养目标，根据培养目标研究人才的知识、能力和素质结构；二是制订教学计划，根据教学计划进行课程设置和教学环节安排；三是制订教学质量标准，依据教学质量标准进行质量监控和质量评估；四是制订专业、课程等的质量评估指标体系，并以此对专业、课程等的建设进行目标导向和质量诊断；五是制订明确的课堂和实践教学的目标，以对整个课堂和实践教学的控制有一个总的依据，实现对教学工作的优化控制。

（2）条件控制法

条件控制就是根据调查和教育预测，事先设计、提供和创造一定的条件，或者有针对性地排除一些可能干扰教学质量的因素，保障教学活动的顺利进行。主要措施有：提高教师、教学管理人员和政工干部的素质和业务水平；改善教学设施、仪器设备、实习基地、图书资料等教学物质资源条件；建设优良的校风、教风和学风，营造良好的教学环境；提供良好的学习、工作和生活条件，不断改善科研条件、办公设备条件和校园环境等。

2. 适时控制

适时控制也叫事中控制或同步控制，它是在活动正在进行的过程中所实施的控制，其纠正措施也作用于正在进行的计划执行过程之中。进行适时控制，可以在发生重大损失之前及时纠正问题。适时质量控制的中心任务就是要依据教学计划和质量标准，及时发现偏差并适时加以纠正，防止偏离教学计划和质量目标轨道，从而确保教学活动的质量。适时控制包含程序控制和随机控制两种方法：

（1）程序控制法

实施程序控制，就是依据教学工作的运行规律，建立教学活动的工作程序和管理工作的日常程序，促使教学管理过程诸环节的运行向着合乎目标的方向发展，并通过信息反馈随时调节纠正运行中的偏差。教学质量目标的实现，是一个连续的、有序的螺旋上升运动过程。程序控制法的实质在于确保质量发展过程的连续性。为此，应要建立如下的程序控制：①建立学制阶段全过程质量管理的一般程序，按学生身心发展规律安排作息时间，按教学计划的规定开设课程，按学校培养目标和学位授予标准决定学生的毕业、肄业或学位授予等。②建立学期工作管理的一般程序，学期初抓计划，期中抓检查，期末抓总结，平时抓落实。③建立师生教学活动的一般程序，教师建立认真备课、上课、批改作业、答疑、实验、实习、考试考核和教学总结等教学工作程序；学生建立先预习后听课、先温习后作业、先准备后实验、先复习后考试的学习程序；教学管理人员建立计划、实施、检查、总结、交流、考评与奖惩的教学管理工作程序。虽然质量控制的程序是严格的，但绝不是一成不变的，它会因内、外环境变化而发生变化。

（2）随机控制法

所谓随机控制，就是在教育教学运行过程中，及时沟通和反馈信息，并采取有力的调控措施，排除造成质量波动的各种干扰因素，使教学工作运行正常，教学质量得以不断提高。教学系统在其运行过程中，经常会受到内、外部环境因素的干扰，前者如教师教学态度不端正、教学仪器故障等，后者如教室外的喧闹声等，从而使教学质量出现波动或偏离目标轨道。这时，就需要进行随机控制，其方式主要是对教学工作进行质量检查、评估、监督和指导。

3. 反馈控制

反馈控制也称事后控制，是以系统输出的变化信息作为馈入信息，通过反馈作用调节和改进系统的运行状态，防止已经发生或即将出现的偏差继续发展或再度发生，预防将来发生更大偏差。要使整个教学质量监控系统合理运行，必须通过教学检查、教学督导、教学评估及信息反馈等途径，建立有效的教学状况信息反馈系统，来实行反馈控制。通过对教学活动的最终结果偏离目标的差距进行分析与信息反馈，发现存在的问题和偏差，及时采取补救措施，确保教学活动不偏离目标并达到预期的目的。如果达不到预期的目的，补救是要付出代价的，并且有的还不可补救。因此，反馈控制的行为带有一定的"亡羊补牢"色彩，要使质量控制达到事半功倍的效果，就应把控制重点放在事前控制上。

反馈控制的一个典型模式是循环控制，循环监控的目的是及时总结一个周期工作的经验教训，适时反馈到下一个周期循环，对下个循环的教学工作进行调控，以不断优化教学过程和持续改进教学质量。

## 第三节　高校教学管理的一般管理方法分析

### 一、调查研究方法

所谓调查研究方法，是指根据解决问题的需要，深入实际，通过访谈、会议、问卷、追踪、抽样、寻查等方式去获取信息，并由此进行分析研究，以探索事物本质及其发展规律的一种方法。通常所说的调查研究，包括认识的两个阶段：调查是感性认识阶段，是指运用科学的方法，以一定的研究目的，从现实生活中收集社会事物的有关真实资料的感性认识活动；研究是理性认识阶段，是指对调查得到的资料进行逻辑加工，对社会事物做出描述和解释的理性认识活动。调查研究方法是社会科学研究与管理决策的基本方法之一，也是高校教学管理的一种重要方法。

（一）常用的调查研究方法

调查研究的方法有很多，根据高校教学管理的特点，调查的类型可做不同的划分：如按调查所要求结果的不同，可分为现状描述性调查、因果性调查和预测性调查等类型；按调查范围的不同，可分为校内单位调查、全校性调查和社会性调查等类型；按调查规模的不同，可分为全面调查、典型调查、抽样调查等类型。常用的有以下六种。

1. 开会调查法

针对要研究的问题，按照调查纲目，开调查会，是了解情况、收集材料的基本方法。如果单纯地靠道听途说，虽然也能了解到某些情况，但只能是表面的、零碎的信息，是得不到完全信息的。召开调查会，是邀请一些熟悉调查问题的人进行座谈讨论，让大家充分发表意见，因此对问题的了解就会比较透彻，而且获得的材料也比较全面可靠，有时还可能找到解决问题的办法。但这种方法，要求调查人员具有较高的水平，并在会前要做好充分准备。

2. 问卷调查法

问卷调查方法是调查人员将调查表送交或函寄给被调查人，说明填表的要求和方法，由被调查者根据实际情况，按照表中栏目自己填写，然后由调查人员统一审核和统计分析。这种方法可以取得第一手研究资料，并能节省人力和时间。但是，这种方法要求被调查者具有较高的文化素养和积极配合的态度，否则难以保证调查结果的准确性。

3. 个案调查法

这是为了解决具体问题而选定一个具体对象所进行的调查方法。个案调查的内容有两方面：一是全面的现状，对现在的状况进行全面调查，尽量做到各个方面的情况都能齐全：二是历史的情况，也就是对它产生、发展和变化的全过程，都要有全面了解。在个案调查中，选择什么样的对象，是由调查目的决定的，这些对象可以是个人、团队、班级、单位等。

4. 抽样调查法

为了反映由众多的个体组成事物的总体情况，一般都采用抽样调查的方法。它是一种从调查对象的总体中抽取一部分单位作为样本，并从样本中调查所得到的结果推论到总体的方法①。一方面，要了解每个个体，在技术上存在着一定的困难；另一方面，如果样本比较客观，推论总体合乎逻辑，那么抽样调查的准确性还是比较高的。在高校教学管理中常采用抽样调查方法，如抽查教师的教案、学生的作业和考试的试卷等。

5. 个别访谈法

个别访谈法是指调查人通过对被调查对象的个别访谈（包括面谈和电话访谈），记述和取得资料的方法，它的优点是由于调查人员对调查项目有统一理解，能按统一的口径询问和取得资料，但可能需要花费较多的人力和时间。

---

① 陈慧慧，方小教．社会调查方法［M］．合肥：中国科学技术大学出版社，2019：5．

6. 文献调查法

我们在确定要研究的问题题目后，都要进一步进行调研。实际上就是指运用文献方法，了解本课题的国内外研究现状。也就是从现有的文献中，查阅关于本选题的研究进展情况、各种观点、关注的研究领域、争论的问题、发展的趋势等，由此来确定自己的研究方向。

（二）调查研究方案和步骤

调查研究是一项复杂而严肃的工作，为保证其顺利进行，就必须制订调查研究方案。调查研究方案的制订一般包括以下内容和步骤：

1. 明确调查研究的目的。调查工作要了解哪些情况，希望解决哪些问题，都须具体明确。

2. 合理选择调查研究的对象。调查对象是获取信息的来源，选择的调查对象一定要符合调查目的要求，具有代表性和普遍性。

3. 确定调查研究的项目。项目即问题，确定项目既要考虑需要，又要考虑可能。项目的表述必须明确，要使答案具有确定的形式，不能让被调查者产生理解歧义或感到模棱两可。

4. 确定调查研究的方式。如前所述，调查研究的方式有很多，应根据不同目的、内容和要求，确定与其相适应的调查方式。

5. 做好调查的准备与组织实施工作。在准备好调查提纲和各种调查表、统计表、调查工具等之后，要进行思想动员，使每个调查人员都明确调查的目的意义及调查计划所涉及的各种要求，然后加以组织实施，以获得事实性资料和可靠的信息。

6. 对调查中获得的各种信息进行整理和分析。经过分析和研究，去伪存真，从中得出规律性的认识和有价值的结论。

## 二、行为科学的方法

高校教学管理系统是一个以人为主要因素的系统，教师、学生、教学管理人员等人的因素在系统中起着决定性作用。教学管理的各项活动、管理过程的各个环节都要靠人去实施和调控，教学管理的资源（人、财、物、时间、信息等）也要靠人去合理运筹和配置，所以，搞好人的管理是搞好教学管理的核心。人的作用是通过其行为表现出来的，对人的管理，就是要对人施加影响来调节人的行为，调动人的积极性和创造性。因此，行为科学的方法是高校教学管理的一个很重要的方法，它有着其他方法不可比拟的优势。行为科学方法中最常用的方法有激励方法和人群关系沟通法。

（一）物质激励

需要层次理论指出了人的需要是从低级向高级发展的，物质需要是人的最基本需要。所谓物质激励，是指学校管理者按照物质利益的原则，运用各种经济和物质手段激发组织行为动机，引导和调整师生员工之间的物质利益关系，调动他们工作的积极性。

采用物质激励方法，必须根据师生员工的工作实际状况、实际成绩以及按照按劳分配、优劳优酬的原则，运用各种物质利益手段，激发师生员工的教学行为动机，以提高教学的效率和质量，促进教学管理目标的实现。由于师生员工在物质利益方面的追求和需要是多样化的，每个人的活动和内容也不尽相同，因而用物质激励方法来调节、刺激师生员工的方式也呈现出多样性，包括工资、福利、津贴、补助、课酬、奖金，以及其他形式的物质性奖励等。学校可根据具体情况设立适当的奖罚方式，实现物质激励方式的多样化和灵活性，如打破薪酬分配的平均主义大锅饭，按照职称等级和工作绩效量化薪酬管理，拉开收入差距，并大力奖励业绩突出的教师。

当然，物质激励方法在高校教学管理中也存在着局限性，如物质激励方法着重于教学管理中物质利益的分配与调节，它不能完全解决一些业务方面的问题；物质激励方法突出经济杠杆和物质利益，忽视了作为知识型的教职员工最需要的精神激励（成就、自尊等因素），从而导致人格的扭曲；过度使用物质激励方法，会对师生员工的思想意识产生副作用，助长"金钱拜物教"倾向和自私自利的行为。因此，必须坚持将物质激励与精神激励相结合，且以精神激励为主。

（二）精神激励法

心理学告诉我们，一个人的行为目的，总是直接或间接地为了实现某种需要的满足，而为满足这种需要去从事某种活动的念头或想法就是动机。动机是引起、维持人的某种行动，以达到预定目的的愿望或意念，动机支配着人的行为。采用精神激励法，可以有效激发教师的行为动机，调动他们的工作积极性。

1. 要注重情感激励

实践证明，要做好师生的思想教育工作，教学管理者必须避免过多的行政干预给他们带来的压抑感，而应与之进行思想情感交流，用情感激励的办法满足师生的情感需要和精神追求，通过情感的力量和良好氛围的营造，唤起师生投身教与学的主体意识和热情。

2. 要注重目标激励

一个人对他所追求的目标的价值看得越大，估计能实现这目标的概率越高，他的动机就越强烈，激励的水平也越高，内部潜力也越能充分调动起来。因此，高校教学管理者在实施目标激励时，要注意做到：第一，根据教师的能力和兴趣点，合理制定目标，如果目标太高而无法达到，就不会产生很强的激励作用。要注意把学校整体目标与教师个人目标相结合，尽量让教师参与到学校的目标中来，使其产生强烈的认同感和归属感。第二，教学管理人员不得随意干预教师在教学目标过程中的活动，而要努力为教师创造有利于他们实现目标的环境条件，减少和消除他们在教学工作中遇到的种种困难和障碍，以及教师的困惑感，提高他们的工作效率和实现目标的可能性。第三，对于不同的教师，要尽可能做到用其所学、专其所长，并根据教师的工作业绩建立奖励制度，以强化教师的工作成就感，促使他们主动改进教学，为实现教学目标而努力工作。

3. 适当运用负面激励法

目前，高校教学管理中的激励形式局限于表扬、奖励等正面激励，而少有批评、惩罚等负面激励。虽然正面激励具有明显的导向作用，但如果缺少有效的约束机制即负面激励，教师工作的积极性就难以得到充分调动。因此，高校教学管理要将正面激励与负面激励相结合，做到双管齐下，有奖有罚，通过表扬、奖励来肯定和强化教师正确的思想动机和良好的行为表现，通过批评、惩处来否定和纠正他们的错误动机和不良行为。比如，在教师聘任制改革方面，要按照公开招聘、竞争一流、分类管理、奖优汰劣的原则，逐步形成"能上能下、能进能出"的人员流动局面。

### 三、思想教育方法

思想教育方法是高校教学管理的重要方法。高校教学管理中的思想教育方法，又称思想政治教育方法或宣传教育方法，它是指高校教学管理者凭借精神和情感的力量，运用教育心理学的规律和思想、观念的宣传方式，对学校成员的思想认识、心理特征和行为表现产生影响的管理方法。

（一）思想教育方法的基本内容

思想教育方法涉及的内容是多方面、多层次的，其中最主要的是理想信念和道德情操两方面的教育。具体而言，思想教育方法就是全面落实党的教育方针，紧密结合全面建设小康社会与和谐社会的实际，以马列主义思想为基础，以理想信念教育为核心，以思想道德教育为重点，运用思想教育方法和心理学理论，教育、引导和动员广大师生员工，提高他们的思想觉悟，培养他们正确的价值观念、良好的职业道德和高尚的情操，使他们自觉自愿奉献于社会主义教育事业。

（二）运用思想教育方法应注意的问题

思想教育工作是一项复杂的系统工程，在高校教学管理工作中，想要正确运用思想教育方法做好师生的思想工作，教学管理者必须注意以下四点。

1. 思想教育工作要讲究科学性

要坚持以人为本，运用正确的思想、科学的方法、严肃的内容来影响学生的思想意识和世界观、人生观、价值观，让思想教育工作贴近实际、贴近生活、贴近师生，努力提高其吸引力和感染力。思想教育工作还要讲究方法的科学性和灵活性，要勤于变换形式、变换人员、改变环境、改变方式、转换工作角度，并交叉变换使用语言沟通、信息交流、帮助解决实际工作和生活中的困难等多种方法和形式，以达到最好的思想教育效果。在当今网络化时代，教学管理者还要善于使用校园网、短信平台、QQ 群、博客等方式，加强与师生们的沟通和交流。

2. 思想教育工作要讲究民主性

在具体的运作过程中，要相信师生，既要充分发挥学校教学管理人员和党团组织的教育引导作用，又要充分调动广大师生的积极性和主动性，引导他们自我教育和自我管理。坚决反对长官命令式、"填鸭式"、说教式的方式，尽可能地采用和风细雨式、商量式、启发式等民主、平等的方式。要坚持民主原则，以一个平等的姿态来面对师生，切忌居高临下、盛气凌人。同时要给对方说话的机会，倾听对方的意见和心声，这样才能产生情感上的共鸣。

3. 思想教育工作要讲究艺术性

所谓艺术性，一是要讲究技巧，要仔细了解和认真研究工作对象的情感、情绪、理想、信念、爱好、特长、利益等方面的情况，做到心中有数、有的放矢，提高沟通水平和教育效果；二是要正确运用语言，做到诚恳、和善、耐心、确切、简明，使谈话真正成为打开人心灵之锁的钥匙；三是要注意选择恰当的场所和地点，让对方能放松情绪，消除戒备和紧张心理；四是要巧用批评的艺术，针对不同的事和不同的人，分别采取不同的方式进行批评，使教育工作对象能更加奋发向上，而不是消极颓废。一般而言，具有艺术性的思想教育方法，可使教育显得生动活泼，容易缩短双方的心理距离，缓解情绪上的排斥和逆反心理，达到事半功倍的效果。

4. 思想教育方法要讲究针对性

大学生处在世界观、人生观、价值观发展的关键时期，面对社会转型、思想多元、技术变革的当今时代，他们的思想特点都表现为：习惯于独立思考问题，以自我为中心；善于运用网络，信息灵通，勇于接受新事物；价值观多元化。因此，学生管理与思政工作者要在全面认识当代大学生的基础上，开展有针对性的思想教育工作。大学生即使处于相同的环境与条件下，由于其自身情况的差异，其所表现的思想问题也不尽相同。因此，教学管理与思政工作者还要根据学生不同的情况和现实思想问题，采取不同的方式加以解决，做到"一把钥匙开一把锁"，对症下药、灵活处理。

总之，在当今时代条件下，师生的思想教育工作是有难度的，这就要求教学管理工作者不断地提高自身的综合素质和思想修养，积极探索新形势下思想教育的新途径、新办法，用科学的方法管理学生，用优质的管理服务师生，用敬业的精神感染师生。

# 第四章

# 高校教学质量管理研究

## 第一节 高校教学质量管理相关理论阐述

### 一、教学质量

ISO9001：2000 质量管理体系对质量的定义为：质量是一组固有特性满足要求的程度。此定义表述简单，但含义深远。其中"一组"即特性为多条而非一条。"固有特性"是指事物本来就有的，尤其是那些永久的特性，如产品的化学成分、机械性能等。强调固有特性是要与赋予特性相区分，后者是人为规定出来的某些特征，如产品的价格、交货期等。"要求"包括"明示的要求"和"通常隐含的要求"，可以由不同的相关方提出，如顾客、股东、员工、供方、社会或政府等。"明示的要求"，即合同上或技术文件上明确显示的；"通常隐含的要求"，即顾客和其他相关方的需求和期望是不言而喻的。"必须履行的"，是由法律法规等强制规定的，如食品安全法、家用电器的安全等。

从质量的角度定义教学质量，可将其理解为是高校这一特殊"企业"为满足教学活动中各利益相关方明示的、隐含的需求能力的特征总和。对于高校这一特殊"企业"而言，学生是高校"生产"的"产品"，同时也是高校的"顾客"，享受高校提供的教育教学服务，从这一点来说，定义中提到的"利益相关方"也涉及学生。"明示和隐含的需求"，即"顾客"希望达到的一个满意程度或高校提供的"产品"和服务最基本的功能是不言而喻的。此处的"明示和隐含的需求"与质量中涉及的"明示的、隐含的需求"有所不同，高校向顾客提供的"产品"或服务并非定量指标，它们包含在定性指标的范畴内，其中掺杂了大量的人为因素，是无法用简答的数据就能表达出来的。对于教学质量内涵，可从狭义和广义两个角度去理解。

（一）狭义的教学质量

从狭义的角度来看，教学质量可从两方面理解：一是为满足"顾客"需求而规定的教学标准条件的总和；二是以课堂教学为核心，以学生对所获取服务的满意度以及其知识、技能、综合素质的提高来衡量。教学是一种师生互动的学习过程，是教师引导下学生的自主学习，因此，教学质量主要可用互动过程质量来衡量。由于这种互动主要是在课堂上完成的，所以，狭义的教学质量就是课堂质量。相比之下，第二种观点比第一种观点更能揭示教学质量的本质。

（二）广义的教学质量

从广义的角度来看，教学质量也可从两方面理解：一是教学质量主要是指教学产品、教学工作和教学服务等符合既定的规格、标准和要求的程度。二是广义的教学质量主要是围绕高校人才培养质量这一核心而延伸开来的，涉及高校人才培养工作的各个方面，主要用高校提供的教育教学服务质量和"学生产品"质量（也称最终产品质量）来表征。相比之下，第二种观点更能反映出高校教学质量管理的本质①。

从教学质量管理的角度出发，教学应被看成一个整体活动来考虑，教学质量管理应该立足于人才培养质量（广义的质量），全面考虑质量影响因素，以课堂教学质量（狭义的质量）为重点，侧重培养过程中教学工作质量改进与控制。

对于质量形成的过程而言，质量从其产生顺序而言分别是需求质量、设计质量、加工质量和保障质量；对于培养人才而言，需求质量实际上涉及人才培养目标的定位问题反映了市场对所培养人才素质能力的要求，只有研究

---

① 陈小倩. 本科院校教学管理创新与实践研究［M］. 北京：中国商务出版社，2019：119.

市场需求，才能增强培养人才的适应性，增强其竞争能力。设计质量是需求质量的具体表现，高校必须结合自己的层次与服务面准确定位，把市场对人才的各种需求设计规划为学生的知识能力结构，制订出具有高校特色的培养方案。保障质量涉及高校基本教学条件的建设与完善，涉及师生的基本素质水平，是改进质量的外部环境。培养过程质量涉及如何实施的问题，涉及教学条件的利用问题，主要与教学过程中各类人员的表现有关，加工质量集中地反映在教学工作质量上。从质量形成的过程来看，需求质量和设计质量改进是阶段性工作，保障质量的作用主要取决于人对条件的运用，因此，对整体质量影响较大的主要是经常性的教学工作质量，即注重加工质量的提高。

## 二、教学质量形成的基本规律

产品质量是如何形成的，是否存在一定的规律性？这个问题看似简单，但是它直接关系到质量管理的理论基础，其重要程度不言而喻。一般来说，产品质量产生和形成的过程，大致经过市场调查研究、新产品设计和开发、工艺策划和开发、采购、生产制造、检验、包装和贮存、产品销售以及售后服务的重要环节。

对于教学质量而言：

（一）教学质量形成的全过程包括 11 个环节：人才需求分析、教学计划、教学设计、制定教学规范、采购、教学设施设备配备、课堂教学、教学过程监控、教学效果、反馈、纠正和预防措施。这 11 个环节构成了一个教学质量系统。

（二）所谓的质量职能，是指在质量形成的全过程中，为实现质量目标所必须发挥的质量管理功能及其相应的质量活动。从这点看，教学质量形成的 11 个环节也可称为 11 个质量职能。只有做好教学质量各个环节质量职能的落实与协调工作，高校教学质量才能稳定、持续地得到提高，因此，必须对教学质量形成的 11 个环节进行有效的监控、计划与组织。

（三）教学质量系统并不是一个封闭的系统，它与社会环境有紧密的联系，这种联系是直接的，也是间接的。如教学设备的采购环节与外界供应商有关；教学信息反馈环节与用人单位有关；等等。所以，教学质量的持续改进还与外界有一定的联系。教学质量改进活动是一项社会系统工程，它不仅受高校内部因素的影响，还受到外界各种思想、风气等因素的影响。

（四）教学质量形成的 11 个环节都需要依靠人的力量才能完成，人在教学质量形成的过程中起着决定性的作用，人的知识、技能、素质及管理能力对其主观能动作用的发挥有直接的影响。因此，"以人为本"的教育理念应始终贯穿于教学质量管理中，其理论依据也在此。

### 三、高校教学质量管理

质量管理作为一个总的概念，按照 ISO9001：2000 中对质量管理的定义可知，质量管理是指在质量方面指挥和控制组织的协调活动。在质量方面指挥和控制活动，包括制定质量方针和质量目标，以及质量策划、质量控制、质量保证和质量改进。从质量管理的角度理解教学质量管理，教学质量管理可定义为：树立质量责任感与"以人为本"的教育理念，以社会人才需求为导向，以高校人才培养质量为核心，以学生全面发展为目标，采用科学手段对教学过程进行的组织、协调、指挥和控制。高校教学质量管理不仅要关注学生"产品"质量，更重要的是要做好过程质量监控。关于教学质量管理的定义，可以从以下三方面理解：

（一）"对教学活动的指挥和监控"，是以教学质量管理系统为载体，通过包括建立教学方针、教学目标，并为实施规定的教学目标制定教学规范，实行教学质量控制和教学质量保证，开展教学质量改进等活动确保实现的。

（二）高校在整个教学过程中，要对教学设计、物资供应、教学设备管理、课堂教学等进行控制。只有各个环节的过程质量、工作质量都要处于受控状态，才能保证高校提供的各种教学服务质量和"学生产品"质量满足各利益相关方的要求。

（三）高校实施质量管理的实质，是要提高教学质量管理的效率。这需要最高管理者正确地制定高校教学策略，包括教学规范和教学目标，还需要讲求投入产出的比值，力求用相对较少的资源达到较高的效率。不重视管理效率的质量管理，称不上是现代质量管理。

## 第二节　高校教学质量管理现状分析

### 一、我国高校在教学质量管理上取得的成就

近年来，高校在教学质量管理上取得了丰硕的成果，概括起来主要表现在以下三方面。

（一）思想认识方面

对教学质量管理方面，高校有了更深入的认识。大部分高校已经认识到，加强教学质量管理是一项长期、复杂且艰巨的工作，高校教学质量管理的持续改进并非一朝一夕就能实现。目前高校普遍认识到，加强教学质量管理，不仅可以提高教学质量管理效率，优化资源配置，挖掘高校潜在的生产力，还能提升高校知名度、竞争力，实现高校稳定、持续、协调发展。特别是在高等教育大众化阶段，在高等教育质量呈现下滑趋势的情况下，加强教学质量管理已成为各高校面临的最为重要的问题。但是，我国高校教学质量管理中还存在诸多问题，如教学管理的对象繁多、差异性较大，教师业务水平高低不一，教学过程内部关系错综复杂等，加之受传统思想观念、教育观念的影响，以及受现实条件、主观观念等众多因素的影响，提高高校教学质量管理水平，是一项长期、复杂且艰巨的任务。

（二）宏观研究和探讨方面

目前，国内外对于高校教学质量管理的研究越来越多，在中国知网、百度文库、万方数据库中搜索有关"教学质量管理"方面的文章时不难发现，目前国内外许多高校通常借鉴企业普遍应用的现代质量管理相关理论的成功经验与模式。如哈德斯菲尔德大学培训和质量服务部在20世纪90年代将ISO9000系列标准引入继续教育与培训中，并明确提出了ISO9000族标准在培训与教育中实施的要求。在吸收和借鉴国外先进的质量管理理论、成果的基础上，我国初步建立了适合国内高校发展的教学质量管理体系与模式。如我国高校在教学实践中将全面质量管理、ISO9000族标准、PDCA循环模式等企

业普遍成功应用的方法引入教学工作中。目前，我国各高校从自身实际办学状况出发，初步形成了系统的目标体系、保障体系、监控体系等各种教学质量管理体系，也初步形成了教学质量管理的长效机制。

（三）微观研究和探讨方面

通过查找相关文献可知，我国高校在教学质量管理方面的微观调控集中体现在大学生学风建设、教风建设，课堂教学管理，人才培养方案的修订与调整，学分制的实施、管理，课程建设，专业建设，师资队伍建设等方面。学者们在上述具体的教学质量管理方面展开了深入探究，并取得了丰硕的成果，为高校教学质量管理提供了有价值的参考。

## 二、我国高校在教学质量管理中存在的问题

高校在教学质量管理方面取得成就的同时，也出现了一些不可忽视的问题，这对高校而言是一个极大的挑战，也是改善管理水平的绝佳机遇。

（一）高校课堂教学中存在的问题

课堂教学是高校人才培养的主要场所，但是仍有少数高校局限于传统的课堂教学，其存在的问题也是不能忽视的。例如，忽视了学生的主体性，垄断化师生互动，"涂鸦式"的教学模式仍占据一定的"市场"等，这些问题的存在均不利于教学质量的提高。

传统课堂教学的特点主要表现在以下三方面。

传统课堂教学的第一个特点是"以本为本"。"以本为本"的课堂教学是造成学生创新意识缺乏的主要原因之一。传统教学中的"以本为本"表现为教师按照教材或 PPT 上的内容讲授课程。这样做很少能做到对讲授内容的不断更新，也不能及时地洞察与满足学生的学习需求。在创新型国家建设与高等教育国际化的背景下，培养具有创新能力与高素质人才已是不争的事实，传统的"以本为本"的课堂教学已不能满足当下社会对高等教育的需求，它已成为禁锢学生创新能力及素质增长的枷锁[1]。

---

① 邓青林.高校管理队伍专业化与教学质量优化研究［M］.西安：世界图书出版西安有限公司，2017：154.

传统课堂教学的第二个特点是"垄断化的师生互动"。师生互动是师生间交流情感、思想的一种主要方式，它主要发生在课堂教学过程中，影响着学生各方面的发展，而且对教师的发展和教学质量的提高具有重要意义。课堂教学是提供交流机会最多的场所，如果课堂教学缺少了师生互动或师生互动呈现"不健康"的发展状况，那么教师和学生间就缺少了相互了解和沟通的平台。目前，在我国高校课堂教学过程中，教师与学生之间有时会处于一种对立的状况，教师希望或要求学生认真听讲、遵守课堂秩序、积极回答问题，而学生则很少能做到这些，学生的学习经常处于应付状况，即使有师生互动的情况，也局限于少数学生参与的互动，且往往这部分学生多是学习状况表现良好的学生，这种教师和少数学生参与的互动可称为垄断化的师生互动。造成师生互动垄断化的原因有两方面：一是学生个体差异性，一般来说，学生之间在知识掌握程度、个性特点、思想观念、思维方式、成长环境等诸多方面都存在着一定的差异，正是这些差异的存在导致学生在刚步入大学时、接触新的环境和知识时表现出明显的差异，其参与师生互动的积极性必然有所不同；二是教师方面的因素，在课堂互动中，教师倾向于与思维敏捷、语言表达能力强的学生进行交流与沟通。对于这部分学生提出的问题，教师也往往表现出极大的耐心与兴趣，相比之下，多数学习能力平平的学生却没有获得教师同等的关注与肯定，参与课堂互动的自信心受挫。长此以往，课堂师生互动被少数优势群体垄断，造成多数学生无法获得均等的互动机会。

传统课堂教学的第三个特点是"课堂教学目标单一"。传统课堂教学是一种为完成以认知目标为本的教学，教师重知识传授，轻实践能力的培养，造成学生创新意识薄弱，"做中学"的能力较低。传统的课堂教学有时并不能实现"授人以渔"的目的，只是简单地"授人以鱼"，殊不知无"渔"则无"鱼"。目前，还有极少数高校注重对学生记忆、思维的训练和培养，而对最为重要的"实践环节"却缺乏同等的重视。学习过程不仅仅是一个认知的过程，它还是一个智慧增长、情感活动的过程。变革传统的学习观，对于促进学生由"被动学习"转为"主动学习"有重要的意义。随着社会的发展，传统教学中所存在的"重结果轻过程"的教育弊端不断凸显出来，这种重视基础知识的传授效果、教学的结果，忽略学生对知识的消化、吸收及运用过程的课堂教学，无形中压缩了学生对新知识学习的思维过程，不利于学生的成才与全面发展。

（二）高校课程管理中存在的问题

从目前高校的课程设置来看，还有部分高校在课程设置上存在一定的问题，如课程设置固定，变动较少等，这使得学生感觉自己所学的知识比较陈旧，与社会发展需求脱节。此外，部分学生还表示对所学的内容并不感兴趣，认为其实用性不强。通过查阅相关资料，高校在课程管理中存在的问题可归结为三方面：一是高等教育需求分析定位不科学。高校在课程设置时，没有及时、准确地洞察到国家、社会、用人单位对人才的需求已经发生了变化，等到察觉后，高校的课程体系已经与社会发展脱轨。二是高校忽视了学生这一内部"顾客"对高等教育的需求。在"以人为本"的教育理念下，学生对课程、学习内容的需求并未得到充分的满足，喜欢的内容任课教师不注重，喜欢的课程高校不允许选修，学生只能无奈地、被动地接受知识。三是高校对课程变革意识有待提高。目前极少数高校某些专业的课程设置在"几十年如一日"地持续使用，然而，外界的知识在不断更新，技术在不断发展，可校内的教材没有变化、知识库没有更新、教学内容也没有扩展，整个高校的教学质量势必停滞不前，甚至有可能倒退。

（三）设备管理中存在的问题

教学设备是维持正常教学不可或缺的硬件设施，特别是高校内广泛使用的多媒体教学设备。随着高等教育大众化时代的来临，科技在进步、社会在飞速发展，在校大学生人数也在急剧增加，高校对多媒体教学设备的使用率也在不断提高。但是，高科技设备的使用并未带来教学效果的同比增长，这主要是因为在多媒体教学设备的管理中还存在一些不容忽视的问题，集中体现在：部分高校对多媒体教学设备的管理缺少一致性和系统性；大多数多媒体教室的计算机是相互独立的，没有多媒体教室提供的教学互动，这或多或少地影响了多媒体教室资源的利用度；对于引进的新设备，高校也很少组织教师进行技术培训，尤其是对现代计算机技术了解较少的中年教师来说，技术培训是非常重要和必要的；不当使用多媒体设备造成设备使用成本升高，使用寿命缩短，这无形地增加了高校的资金投入，对教学质量也会产生一定的影响。

（四）教师方面存在的问题

教师教风是影响学风的主要因素，也是高校教学质量管理不可忽视的因素。教师教风对学生的学风有直接影响，教风形成于教师教学过程中，是教师教学态度、思想作风、工作作风的集中体现，是经过长期的整合和凝聚而形成的稳定的行为风尚。教风是高校师资队伍建设的核心问题，在一定程度上决定了高校的教学质量及管理水平。教师肩负着传道、授业、解惑的重任，教师的教风不仅影响着教学质量的高低，而且对学生的世界观、人生观、价值观的形成也产生直接的影响。因此，加强教师教风建设是改善大学生学风建设、提高高校教学质量的重要保障。随着我国教育改革事业的不断推进，高校育人环境得到了极大改善，教师业务水平及综合能力均得到了极大提高，这些均为学生的成才、成长营造了良好的条件。但是就目前的情况来看，高校教师教风方面尚有改善的空间。主要体现在以下两方面：一是教师在教学上投入的精力有待增加。长久以来，课堂教学效果之所以不尽如人意，部分原因是受高校教师考评制度的影响。目前，我国高校现行的对教师的考评制度是一种"论文导向"的评价机制——上级机构评价高校主要看学术论文，高校评价教师也主要看学术论文，导致教师在教学方面的投入精力有所减少。二是教师对学生的管理力度有待加强。高校普遍存在的逃课、迟到、早退、聊天、上课心不在焉、考试作弊等状况，这些都影响着大学生的学风状况及学习效果，要想消除这些不良状况，教师应加强对学生的管理力度，对于有上述行为的学生给予严肃的批评教育，并重点对课堂教学过程进行有效监控，敦促大学生优良学风的养成。

其次，极少数青年教师的知识水平与教学经验尚存在提高的空间。学生的学习兴趣在很大程度上会受到教师知识水平、教学经验的影响，学生学习兴趣低下也是导致其产生厌学情绪的原因之一。分析青年教师在教学中的表现，可以发现极少数青年教师的知识水平、教学经验还有待提高。高校规模不断扩大，在校大学生人数急剧增加，使得昨天还是学生的教师，今天就得走上讲台讲课。缺少入职培训及教学实践，使得教师对教育学、心理学等方面的知识并未进行很好的掌握，致使教师在教学中的上课效果大打折扣，对于提高学生的学习能力及素质无从下手。

通过高校教学质量管理现状分析可知，影响高校教学质量管理的因素是多样的、复杂的、相互联系的。如学生学风和教风间存在很密切的联系，对此，学界也提出了一些代表性观点。其中，刘军利认为，学风并不是自发形成的，它与教师的教风紧密相关，它是在教师的指导和帮助下，通过学生主观能动性的发挥才得以形成的；赵伟则认为，教师教风对学生学风有直接的影响，教师的思维方式、治学态度、行为准则无不直接影响着学生的品德、言行和知识的积累、才能的增长。如课程变革意识与学生学习态度之间也存在一定的联系，高校课程设置很少有太多的变动，课程设置较为固定，这使得学生感到所学知识比较陈旧，跟不上时代的步伐，所学没有什么实用价值，致使学生出现了浮躁心态、不注重基础知识的学习和掌握。影响高校教学质量管理的因素是多样、复杂且相互联系的，因此，研究高校教学质量管理、提高教学质量及管理水平还需从主要影响因素入手，才能达到事半功倍的效果。

## 第三节　高等教育教学质量影响因素

高等教育教学活动是一个系统存在状态，它不是教师行为与学生行为的机械相加，而是教师行为和学生行为各自保持其特点的情况下的有机统一。其中涉及教师特征、教学态度、教学行为、学习者特征、学习动机、学习者的学习行为、教学环境等诸多变量的交互作用。

### 一、学生因素在教学质量形成中的作用

学生是学习的主体，学习过程不是学习者被动地接受知识，而是积极主动地建构知识的过程。学习理论研究表明，学生的背景特征、学习动机、学习行为对其学习结果有决定作用。在高校课程教学背景下，主要讨论学生如何促进他（她）自己的学习，以及这些学生变量对教学质量作用机理及其与其他教学变量之间的相互作用。

（一）学习动机

动机是"以心理内驱力和心理性需要为动力源泉而促成的促使行为主体朝向一定目标的内在动力"。目标动机理论认为，目标、期待、归因、能力观、动机取向、社会和自我比较以及成就行为之间存在着密切联系。它强调不同类型的目标在成就情境中如何影响行为。学习目标是指学习者要掌握的知识、行为、技能和策略，它使学习者将注意力集中在一些有助于提高能力和改善技能的策略和过程。追求学习目标的学习者倾向于认为自己有能力达到目标，并进行一些恰当的活动，如努力、坚持、运用有效的策略和方法等。在社会认知理论中目标和期待是重要的学习机制，美国心理学家阿尔伯特·班杜拉（Albert Bandura）认为动机是目标指向的行为，该行为的发动与维持都受到人们对行动结果的预期和完成任务的自我效能感（self-efficacy）的影响。

学生学习动机产生于他们的内部需要，主要表现为对知识、能力与发展的需要。在高等教育教学过程中，学生学习什么，学到多少，都受学生学习动机影响。[①] 许多研究都强调内部动机对学习的重要性，对认知加工和学习成绩有正相关作用。动机促使学生关注教学，参与各种学习活动，如复述信息、将眼前的任务与以前的知识进行联系、提出问题等。动机会使学生主动地选择任务，当遇到困难时，动机强烈的学生将付出更多的努力，而不是退缩。

（二）学习行为

这里对学生的学习活动统称为学生学习行为，其内涵包括学生对学习方法的掌握、学习努力程度、学习的自我管理及学习的持续性等学习过程的各个方面。

美国心理学会认为，学习过程实质上是一种有意识地从信息、经验以及学习者自己的思想和信念中构建有意义的意识加工过程。学习者是学习活动的执行者，是学习的主体。以学习为中心的教学，其学习者的主体地位体现在学生在学习活动上的主动性、积极性和超越性。成功的学习者具备主动的、有目标导向的、自我调节的和个人责任心等个性特点。新的以学生为中心的

---

① 舒小丽，李莉，吴静珊. 学生发展与学习心理 [M]. 广州：华南理工大学出版社，2021：169.

教学范式提倡学生是整个教育的中心，个人化的学习应该自主学习，而非仅仅吸收知识；学习过程是自我实现的过程；学生和教师关注的重点是如何学习，而不是如何获得。

心理学家库尔·勒温（Kurt Lewin）认为，在个体的学习动力系统中，既有动机成分，也有意志成分，动机激励人们去学习，而意志则控制人们的学习行为，让人克服困难、坚持学习。努力、坚持性，这些动机行为，是学习者自主调节学习策略，自我计划和管理学习时间，主动营造学习的条件等学习行为的基础，直接影响学习的效果。

学习者自主管理（self-regulation）是个体有效使用与监视自我认知策略的能力与意愿，自主管理的技能至少包括学习者监视自己的学习理解技能、自主设定学习目标与计划的意愿与技能。在绝大多数学习环境下，自主管理是显著影响学习效果的重要中介因素。目前，一些对高校学生的学习行为与学习结果的实证研究证实了学习目的、学习态度、学习方法、学习习惯等部分学习行为与学习结果显著相关。

## 二、教师因素在教学质量形成中的作用

建构主义学习理论既强调学习者的认知主体作用，又不忽视教师的主导作用。建构性的学习和教学旨在使学习者形成对知识的深刻理解，为理解而学习，为理解而教学。教师的作用将不再是讲授"事实"，而是帮助和指导学生在特定领域中建构自己的经验。在以学习为中心的高校教学体系中，教师的作用是创设一种良好的支持和激发学生思维的学习环境，提供多样化的信息来源，使学生在这样的环境中可以通过独立探究、合作等方式学习，促使学生愿意学、会学、学好，从而有效地提高学习结果。

（一）教师素质

教师的素质是一个广泛的概念，包括他们的教学信念、自身知识结构、能力水平和人格特质。为了便于测量，这里仅探析教师的知识、能力两个方面对教学行为、学习行为和教学结果的影响。

深厚的学科专业知识是教师的基本职业要求。在学生学习为中心的高等教育教学环境下，不仅要求教师具有广博的文化基础知识，情境性的知识教

学要求教师具有适当结构的学科内容知识。另外，也要求教师掌握相应的教育哲学、心理学、教育学和语言学等原理性知识，以及有关教育教学方法、德育方法方面的知识等。教师在设计和评估学习等教学活动都需要运用到自己的知识储备，他们的知识和技能水平极大地影响学生的学习效果，教师能力对于教育教学活动的有效开展、顺利实施和如期完成起到决定性作用。概括有关的研究，建构主义教学主要强调教师需要具备以下五种能力：1. 理解学生知识、把握学生思维的能力；2. 教学设计或学习环境的设计能力；3. 较强的沟通能力与社交能力；4. 利用现代教育教学技术的能力；5. 高水平的反思能力。

（二）教学态度

教学态度在很大程度上影响教师知识的外显，影响着教学能力的发展。高校教学绩效的关键决定因素除了教师的专业知识与教学技巧，还有教师的教学态度。教学活动固然受教学大纲、教材、学生实际等客观因素的影响，但教学态度决定了教学活动的实施效果。教学计划制订、教材内容取舍、教学策略选择、教学互动设计等，都是由教师来实施或主导，以积极主动和消极倦怠两种不同的教学态度所形成的教学效果，无疑具有显著性差异。此外，教师的态度还影响学生个性的形成，人格本位、人本主义学习理论认为教学既包括传授知识和培养认知能力，同时也包括对情感意志的发展，是一种完整的人格教育过程。教师积极热情的教学和生活态度在教学活动中潜移默化地影响学生各种心理品质的形成和发展，教学实践证明学生的心理品质往往会循着教师教学态度的轨迹而发展。教学过程中应注意激发学生的学习兴趣，鼓励学生努力维持持续的、目标明确的学习，这需要在学生达到了目标之后，进行及时认可并给予奖励，让学生知道他们重视的人在关注并积极评价自己的进步，因此而维持和激励学生继续学习的动力。学生理想的教师应具有做到相互尊重，愿意接近学生，了解学生，关心学生和理解学生的感受，信任学生，诚实、谦虚、细致、耐心、温柔、善良和喜欢鼓舞人的品质。

（三）教学行为

教学行为是指教师引起、维持以及促进学生学习的所有行为，具体表现为课堂内管理与监控、讲述与聆听、提问与应答、阐释与分辨、辅导与练习等一系列具体可感知的师生活动方式与操作系统。理论研究和教学实践证明，教学行为与学生学习行为和学习结果有密切的关系。基于努力的教学原理认为，教师应及时辨别学生取得的成就并给予奖励或庆贺，给学生充分的时间达到学习的要求，给予所有学生高水平的专家教学。教学过程中应注意激发学生的学习兴趣，注重培养学生的自主学习意识和习惯，为学生创设良好的自主学习情境，尊重学生的个体差异，鼓励学生选择适合自己的学习方式，为不同学习行为的学生匹配相应的教学风格。教师帮助学生运用、增进并评估他们的策略性学习技能，巩固其学习成果。罗森谢尔和弗斯特通过对"过程—结果法"研究的教师特性文献的大量分析，发现教师课堂教学行为与学生学习成果密切相关，并且从中找出了 11 种与学生成果强烈相关的教师课堂教学行为，即清晰明了、有变化性、热心、任务取向与认真的行为、学生有机会去学习标准材料、运用学生的意念、批评、结构和评语的运用、问题形式、调查、教导的难度。弗兰德斯（Ned. Flanders）采用"社会相互作用模式"（Social Interaction Mode）分析教师的课堂教学行为对学生的学习态度和学习效果的影响时发现，教师的直接影响较多时，会导致学生参与得较少；教师的间接影响较多时，学生的参与就更多，而且教师行为的变化与学生成效的关系是非线性的。

### 三、环境因素在教学质量形成中的作用

教学环境是指影响教师教学、学生学习过程的外部环境因素的总和。这里从教学的硬件支持、资源的充分程度、教学管理和学术氛围研究其对教师教学行为、学生学习行为和教学结果的影响。

从观念、态度到行为，环境对人的影响是全面的，所以，环境因素是社会科学研究中一个不可忽视的变量。为了理解大学环境对学生参与和学习结果的影响，学界已有越来越多的相关研究，如帕斯卡雷拉（Pascarella）通过测量学生对他们所处环境的感知以分析环境因素对学生学习结果的影响；Pace 和 Kuh&Hu 使用大学学生经历问卷调查数据评价大学环境的影响。回归分析结果显示学生感知环境对他们自己的教育结果和个人发展方面的进步的感知有正相关关系。

本书认为，在研究高校教师教学态度的形成和改变模式中，组织环境的支持包括学校的管理层和同事对教师的关怀照顾、倾听抱怨，以及在他们遇到问题时给予帮助，不仅可以使教师感受到组织的关怀照顾并减轻了工作压力，而且能够帮助其应对各种容易产生消极倦怠的危险因素，促进对教师积极教学态度和教学行为的产生和保持。Aque 和 Nargis 的研究发现，高度的组织帮助和支持对于缓解教师工作压力和消极倦怠非常有效。

### 四、教学结果评价

一般的教学研究对教学结果的衡量标准主要是学生的学习结果。随着教育理念和教育改革的发展，越来越多的研究者认为应该强调高校对社会和利益相关者的责任，关注高等教育的外部效能和市场效能。国内外很多高校也将考查学生的满意度作为衡量教学结果的重要指标。所以，这里研究教育结果评价包括两部分内容：一是学生的学习结果，二是学生满意。

开始于 20 世纪 90 年代的第二次教育改革，考虑到高校对社会和利益相关者的责任，强调高等教育的外部效能和市场效能。教育的结果不仅是学生的学习结果，还包括相关各方的满意，相关方的满意主要是学生满意。

学习结果是什么？国内外研究者一致认为，学习结果不仅局限于学生知识、能力的增加，还应该是知识、技能、态度及学生从学习经历中掌握的思维习惯。因此，学习结果有许多形式，从可测量的技能、能力到不易测量的态度和行为的改变。学习结果的测量不仅包括成绩得分，还包括学生自己和外部对学生态度、认知能力等多种能力提高的评价，所以，这里对学习结果的测评是以从考试得分、学生对自我能力、态度提升的认识和外部对学生学习结果评估的综合评价。

### 五、学生特征对学习行为和学习结果的影响

这里对学生特征的研究从两方面进行：一是学生的社会经济背景，包括学生的家庭经济收入、父母教育背景等；二是学生的学习特征，主要指学生带入学习的知识能力水平和学习偏好。

学生的社会经济背景是教育研究中较常考虑的学生特征变量，他们与学

生绩效高度相关，影响学生学习结果。Astin 和 Lee 的研究证明，学生学习前特征对学生的学习和学习结果有直接或间接的影响。

建构主义认为，学习是在学习者具有的某种水平的知识和技能的基础上进行的，并且这些知识和技能因后续的学习而得以扩展和完善。在理解和知识获取以及个人知识的建构方面，学习者的先验知识发挥着至关重要的作用。学生的背景知识提供了一个平台，教师可以在此基础上帮助学生建立对更复杂的材料的理解。除建构主义以外，最新的学习理论研究关注学习者个体的特征和这些特征对学习的影响。Svinick 讨论了影响个体学习水平的三个因素，包括：学习者带入学习环境中的先前知识的水平，学习者处理信息的方式，学习策略的不同。因此，学生进入教学环境，均带有不同程度的背景知识。

## 第四节 改善高校教学质量管理的建议与对策

### 一、进一步完善高校课程体系

通过对学生成绩数据分析可知，学生对基础知识的掌握程度直接影响后期对专业知识的理解及学习程度，这也从侧面反映了一个不可忽视的事实：课程设置的合理性、科学性及适应性不可小觑，它对大学生的全面成才、教学质量的持续提高有重要的意义。随着知识经济时代的到来，未来的人才不仅要满足国内人才市场的需求，也应顺应不断迈向国际化市场的发展趋势。在前面的课程管理中已经提到，我国高校课程设置一般较为固定，很少有较大的变动，整个高校所涉及的教材、教学内容都比较陈旧，跟不上社会发展的步伐。同时，部分学生也反映，高校传授的知识并非自己所期望学到的，而且沉闷、无趣的课堂教学使他们的学习兴趣骤然下降。怎样的课程体系既能满足社会发展的需求，又能满足学生个性发展的需求呢？那便是建立一个科学合理的课程体系。这样不仅能提高高校的人才培养质量，还能消除大学生眼高手低的心态与浮躁心理。为此，完善高校课程体系应做好以下四方面的工作①。

（一）对教学目标及教学理念进行科学定位

1. 国家和社会对高等教学的需求分析

"十二五"期间，中共中央、国务院多次强调，高等教育发展要全面贯彻落实科学发展观，切实把重点放在提高质量上。2021年1月，习近平总书记在全国科技大会上宣布中国未来15年科技发展的目标是，到2035年进入创新型国家前列，使科技发展成为经济社会发展的有力支撑。同年2月，中共中央、国务院颁布了《国家中长期科学和技术发展规划纲要（2021—2035）》（以下简称《纲要》）。《纲要》指出，今后15年，建设创新型国家的科技工作指导方针是：自主创新、重点跨越、支撑发展、引领未来。创新型国家建设的关键在于大批高素质应用型创新人才的培养。高校是知识创新活动的核心，是技术创新的生力军，是创新文化的重要源泉，肩负着复合型人才培养的重任，起着奠基的重要作用，作为科技进步与人才培养的结合点，高校与高等教育质量备受关注。

2. 大众化阶段多种质量观的需求分析

教学质量管理的问题远不是一个单纯的高校行政管理问题，要研究这个问题首先要清楚什么是高质量的高等教育？什么是适应社会发展和高校办学特点的质量观？人们对于这些问题并没有达成一致。高等教育大众化阶段是多种质量观并存的时代，高校应该选择怎样的质量观是诸多高校面临的挑战。

马丁·特罗（Martin Trow）将高等教育划分为三个阶段：精英阶段、大众化阶段、普及阶段。精英阶段是推崇知识和学术的时代，高等教育的质量观体现为"学术质量观"。而随着高等教育步入大众化阶段，高等教育质量观也发生了变化。大众化阶段高等教育的发展是以满足"顾客及相关方"的需求为前提的，以适应国家、社会和用人单位为导向的。例如，美国赠地大学，就是以适应当地的经济发展应运而生的大学。赠地大学在学术研究方面的作为不大，但是它对当地经济的发展所做出的贡献却不可小觑。很明显，赠地大学培养的毕业生是满足当地经济发展需求的，从这一点来讲，美国赠地大

---

① 邓青林. 高校管理队伍专业化与教学质量优化研究［M］. 西安：世界图书出版西安有限公司，2017：166.

学的教育质量观更倾向于"符合性"质量的观点。

20世纪90年代以来，随着高等教育渐趋大众化、国际化、市场化，高等教育需求也呈现出多样化的发展趋势。在高等教育大众化的背景下，建立在满足"顾客与相关方"需求基础上的质量观备受关注。如何选择适合高校自身特点与"顾客与相关方"满意的质量观是高校面临的重大问题。到目前为止，世界高等教育已经分化为具有多种组成形式、多种职能特征的复杂系统，形成了学术的、社会需求导向的和市场导向的三种基本质量观。这些质量观通常同时存在于一个共同的高等教育体系中，增加了高等教育质量问题的复杂性，导致高等教育质量问题难以评说。在不同阶段、不同类型、不同层次的高校，其教学质量观有不同的本质和内涵。多样化的质量观是高等教育大众化的前提，多样化的质量观要求高校应该从各自的特点和适应性的角度重新定位，制定人才培养目标和规格，从而能够形成适合自身发展的独特的教育质量标准。

3. 大众化阶段"以人为本"教育观的需求分析

大众化阶段强调人的全面发展。"以人为本"强调人在社会历史发展中的主体作用与重要地位，在整个社会形成"尊重人、解放人、依靠人和为了人"的良好氛围。高校作为思想和文化传承的殿堂，"以人为本"教育观的建立与实践势必会成为高校可持续发展的指导方针。高校最主要的功能是育人，其培养对象是学生。教师的主要任务是教学和育人，而教学和育人的直接指向是学生。教师和学生是参与教学活动最重要的两大主体，其主观能动性的发挥直接影响着教学质量。如果把高校看成企业的话，那么学生就是高校生产的产品，但与企业产品不同的是，高校不允许有次品和废品，更不允许不合格的毕业生返回高校重新学习。因此，为了保证高品质的人才，除了要有高水平的教学管理外，还需明确和保证各教学主体的能动作用与地位，从而实现教学主体能动作用更大程度地发挥。在传统课堂的教学中，教师处于完全主动地位，在符合教学大纲的要求下，多数教师按照自己特有的讲授方式传授知识，他们很少有时间去了解学生的兴趣爱好，课上与学生交流互动的机会与时间有限，加之学生缺少学习主动性，不愿主动与教师沟通，造成课堂教学沉闷枯燥，学生学习兴趣下降，课堂教学效果不尽如人意。

　　"以人为本"的教育观强调人的主观能动作用的发挥。课堂教学是师生间互动的过程，教师的引导作用与学生的主体作用是影响教学效果的主要因素。教师不是课堂教学的主导，教师的主要职责是传道、授业、解惑，主要是在学习中给予学生必要的帮助与引导，引导学生学会思考、学会学习，最终实现自主学习的目的；学生是学习的主体，学习策略、学习态度及学习兴趣等因素影响着学生主观能动作用的发挥，这也需要学生去自觉检查自身的缺点，发掘自身的潜能与优点，不断完善自己，逐渐实现自主学习与自我管理。

　　4. 用人单位对人才的需求分析

　　无论是知名企业，还是中小企业，其用人标准都有相同之处，都是希望选择综合素质好、业务能力强、沟通能力强、创新意识强、工作效率高的人才。在创新型国家建设背景下，企业经营者认为，企业在推动创新方面还存在一些困难，存在不少需要突破的瓶颈，包括观念创新难度大、管理创新相对滞后、技术创新人才缺少、创新文化有待培育等。而企业的创新需要具有创新能力的高质量人才，而高校作为人才培养的摇篮，应肩负起国家赋予的使命，培养具有创新意识与创新能力的人才已成为当今高校必然的选择。通过人才需求分析，高校的人才培养目标如表4-1所示。

表4-1　人才培养目标

| 人才培养目标 | 依据 | 结论 |
| --- | --- | --- |
| 人才培养方向 | 国家对高等教育所做出的各种方针和政策与中国企业用人标准 | 厚基础、宽口径、高素质的应用型创新人才（简称：复合型人才） |
| 质量观 | 由社会发展决定的 | 适合高校办学特点和"顾客及相关方"需求的教学质量观 |
| 教育观 | 由时代要求与人的能动性决定的 | "以人为本"的教育观 |

　　因此，高校在课程体系设置中应以复合型人才培养为目标，并从高校自身的办学特点和满足"顾客及相关方"需求的质量观、"以人为本"的教学理念为宗旨。

（二）制定有针对性的改善措施

目前我国高校课程体系中存在的主要问题是实践环节薄弱和课程内容陈旧。针对主要问题，制定了以下改善措施。

一是加强教学实践环节，提高大学生实践创新能力。美国的大学教学是以学生为中心，以提升学生学习能力为使命，鼓励学生主动学习，让学生在研讨式教学、课外学习和动手操作中受到较为完善的教育。与美国大学生相比，我国大学生"做中学"的能力较差，尤其是动手能力和实践能力并没有得到充分发挥。对于大学生实践创新能力的培养，还需从课程体系方面加以完善，可通过增加实践课程的比重，如增加实验课程、动手操作课程等课时；鼓励或强制学生参加课外实践活动，并将此计入学分等途径来加强教学实践环节。

二是对课程内容的改善应该从教材和教师教案开始。首先，在教师选择教案、课程讲授内容时，应尽量突出"以生为本"的原则，将教学内容建立在学生想学什么而非教师想教什么的基础上，深入了解学生的兴趣与需求，分析学生的特点，在学科教学允许的范围内选择适当的教材和课程内容，以满足学生的需求，激发学生学习的兴趣与主动性。其次，在基础课程设置中，提高文理类交叉课程开设的比例，让学生接受更全面的基础知识。最后，加大选修课比例，提高课程设置的弹性。面临不断发展与变化的社会环境，社会对高校人才的需求逐渐呈现多样化的趋势。适度与适量地加大选修课比例，可以促进学生全面化的发展，从而适应社会对人才的多样化需求。

（三）做好高校课程体系持续改善工作

对于改善措施在教学中的实践效果，高校可通过三方面来进行评价：一是学生成绩评价，二是大学生问卷调查，三是用人单位访谈。通过学生成绩评价，了解大学生的学习状况，如果大学生的总体学习成绩有所提高，学生中的劣势群体的补考率有所下降，则说明学生对所学专业的学习态度、兴趣都有所改善；通过大学生问卷调查，可以了解大学生对课程体系的满意程度，及时了解课程体系中存在的问题，并加以解决；通过对用人单位进行访谈，可以了解毕业生质量，了解用人单位对毕业生的满意程度，便于高校及时调整人才培养目标及课程体系，满足社会对人才的需要。

高校的课程体系应达到良好的持续改善状态，只有达到这个状态，高校的教学质量才能实现不断提高。高校的课程体系是否能够实现持续改善，除了做好人才培养目标定位、主要影响因素分析，实施有针对性的改善措施，高校还应做好对改善效果的总结与分析。即把成功的经验给予肯定，形成标准化文件；对于成效不大或失败的地方，应总结经验教训，以防止同类事件再次发生；对于没有解决的问题或即将出现的新问题应继续给予高度的重视并采取有效措施加以解决。

## 二、进一步提高课堂教学能力

课堂教学是整个教学过程中最重要的环节。为了改善课堂管理秩序、提高课堂教学效果，任课教师采用控制图对课堂教学过程进行有效的控制是非常必要的。可采用单值—移动极差控制图分析学生听课过程的稳定性，通过采集学生的课堂出勤率数据对课堂教学过程进行统计过程控制，一旦发现课堂教学过程中存在异动，及时查明原因并解决异常，稳定过程，不断提高课堂教学能力，为保障教学过程质量奠定量化基础。

影响基础类课程的主要因素是学生的学习方式和学习态度，其中，教师的教学方式对学生的学习方式、学习态度也产生一定的影响。因此，提高课堂教学能力需做好以下两方面的改善工作。

一是变革学习方式。在建设创新型国家的背景下，大学生应主动采用更加有效的学习方式。深层学习是一种基于理解、深入探究、寻求意义、学以致用和注重反思的学习，它对学生逻辑思维能力、创新能力及实践能力的培养均有重要的意义，因此，高校应鼓励更多的学生采用深层学习的方式，提高学习兴趣，端正学习态度。

二是变革教学方式。任课教师的教学方式是影响课堂教学能力的主要因素之一。缺少师生互动是课堂教学中存在的一个主要问题，这也是造成部分学生学习兴趣低下、课堂秩序混乱、课堂教学效果不好的影响因素之一，因此，任课教师应加强对课堂的管理能力，杜绝学生迟到、早退、旷课等现象，提高课堂出勤率，在此基础上更多地采用探究式、互动式、讨论式的教学方式，提高学生的课堂参与积极性，最终提高课堂教学能力。

### 三、加强大学生的自我约束及主动学习能力

随着大学生业余生活的丰富，部分学生在学习上投入的时间和精力较少，加之受课堂时长的约束，教师也很少有充裕的时间关注学生的学习效果，更不用说了解学生的学习方式。因此，迫于现实情况，大学生应主动加强学习策略的培养，提高自我约束能力及主动学习能力。而学习策略是学习者在充分考虑自身条件和环境条件的前提下，为取得最佳学习效果的主动性调控行为，主要体现在资源管理和学习方法的选择上，包括认知策略（复述策略、精加工策略和组织策略等）、元认知策略（计划策略、监控策略和自我调节策略等）和资源管理策略（时间管理策略、学习环境管理策略、努力管理策略、寻求支持策略等）三方面内容。

对自己的学习状况进行科学评价与定位，是大学生了解自身学习状况、寻找主要影响因素并制定改善措施的前提，是推动大学生自主学习能力持续提升、保障高校教学质量的有效途径。

大学生要想了解自己的学习状况，可从分析自己的各科考试成绩入手，用数据说话，找出自身存在的问题。5W1H 分析法也叫作六何分析法，该法最早是由美国政治学家哈罗德·拉斯韦尔（Harold Lasswell）于 1932 年提出，后经人们不断地运用和总结，逐渐形成了一套成熟的"5W+1H"模式。"5W+1H"模式是对选定的项目、工序或操作，都要从原因（何因 Why）、对象（何事 What）、地点（何地 Where）、时间（何时 When）、人员（何人 Who）、方法（何法 How）六个方面提出问题进行思考，以便查漏补缺，提高工作效率。教学质量管理的成果最终体现在学生成绩及其他素质培养上，5W1H 分析法被运用于学生成绩的自我评价上。

# 第五章

# 现代教育理念下的教师管理与学生管理

## 第一节　高校教师管理现状分析

### 一、高校的人事管理制度现状与特征

目前，我国高校普遍实行的还是传统的人事管理制度，所谓人事管理制度就是对人事关系的管理。它是以从事社会劳动的人和相关的事为管理对象，在一定思想和原则的指导下，运用组织、协调、控制、监督等手段，形成人与人之间、人与事之间相互关系的某种状态，以实现一定目标的一系列管理活动的总和。人事管理过程包括进、管、出三个环节，管理过程强调事而忽视人，人的调进、调出被当作管理活动的中心内容。目前高校的人事管理制度表现出以下六个特征。

（一）在政府与学校的关系上，政府是学校的所有者、出资人和管理者。教育行政部门对高校的人事权、财权、项目审批权有着严格的控制，无论是人员的进出、职称晋升抑或工资的调整以及大型项目的立项，都必须到上级教育主管部门报批，学校没有充分的自主权。

（二）在管理理念上，强调对教师人事关系的管理，主要包括教师的进、管、出三个环节。

（三）在组织结构方面实行的是类似于政府部门的科层制的垂直型组织结构。在最顶端是由书记、校长、副书记、副校长组成的领导层，负责学校大

小事务的管理和决策，是学校的顶层决策机构。其组织形式是校长办公会，其下分成两部分：一部分是行政管理机关，包括教务、人事、财务、科研、后勤保障等部门，在这些部门中管理人员根据职务级别划分为处长、副处长、科长、科员等，行政机关根据各自职责，负责政策的制定、执行以及日常管理；另一部分是教学机构，在教学机构的设置中，与行政机关相对应，设置了教学副院长、科研副院长等职位，其下又有教学秘书、科研秘书等岗位，岗位根据职责分工和级别高低对上一级主管领导负责。

（四）在教师管理上，实行的是身份制而非契约制。虽然现在好多高校与教师签订合同，但在实质上仍非真正的契约制管理。特别是对高校而言，要想与教师解除合同推向社会，在实际操作上难度很大。主要是由于目前实行的退休金制度，而高校的退休制度还在逐步完善中，从而无法推向社会。

（五）在绩效考核中，强调对教师进行严格考核，设定了大量的量化指标，但很少有对教师的激励措施。

（六）在管理决策上，行政管理机构制定政策，校领导（校长办公会）对此有最终决定权。

## 二、高校教师管理和师资队伍建设现状

伴随着经济发展速度的不断加快，知识在经济社会发展进程中所占有的地位持续提高，积极促进了资本积累与社会进步。知识经济时代下，社会对于国民的受教程度、知识水平与自身素养均提出较高要求，这标志着我国教育事业将实现趋于大众化方向发展，并要求社会可为国民改善受教条件与环境。而知识传播需要以师资队伍为主力，教师作为知识传播的主体，高等院校唯有科学管理与建设师资队伍，才能促进国家教育事业实现长远发展。高校师资队伍管理和建设与学生创新思维与知识结构的生成具有密切联系，且教师管理工作也关乎高校的前途及命运。因此，高校教师管理和师资队伍建设，应明确开放包容与"以人为本"的理念，充分遵循教师成长发展与教育客观规律，着重提高教师综合素养水平，深化教师管理创新，完善"双师型"

教师队伍建设，建设教师尽展其才且优秀教师持续涌现的新格局①。

然而，在师资整体数量、专业结构与教师管理等层面还亟待完善。基于教师数量层面而言，专任教师人数占据师资队伍的比例低于40%，与现行办学及全日制在校大学生规模不协调，这意味着专任教师整体数量较少。身为教育工作骨干的中青年师资力量严重缺乏，师资队伍年龄结构比例不协调，高校还未构建完善、科学的师资梯队。基于学位和学历结构层面而言，具有博士学位的授课教师数量相对较少，硕士研究生人数尽管在逐年增加，但高学历专职教师占比明显较少。基于教师管理层面而言，现如今部分高校于教师管理制度变革过程当中，已经认识到师资队伍建设的重要意义，然而在师资队伍建设方面还存在部分缺少合理性的规定，并未明确高校主管机构。同时，高校在师资队伍教育培训、职称评定以及教育质量评价等层面的制度机制尚未完善构建。这一问题严重影响了教师工作开展的积极性，在较大程度上还会埋没优秀教师，甚至出现学校优秀师资力量流失问题，导致高校大学生难以接受更优质的教育，对教育质量和教育效果造成不利影响。

### 三、高校教师管理中存在的问题分析

由于沿用的是计划经济体制下的管理模式，在社会主义市场经济体制已经逐步建立的今天，原有的高校教师管理体制已经不再适应学校发展的要求，主要表现在以下五点。

（一）政校不分，政府对高校事务干预过多，而在社会保障方面又缺少有效措施，影响了高校办学的自主权，从而造成了政府与高校关系中的政府失灵。

（二）科层制、集权制的组织结构虽然在实施管理和监督方面成效明显，但由于管理者缺少人力资源管理理念，目前的人事管理仍着重教师的进、管、出，视教师为人力成本，把人事工作当作组织的行政事务，以事为中心，以教师的招募、考核、工资、福利、奖惩等为主要工作，缺少对教师本身重要性的认识，未形成教师是资源的理念，缺少对教师资源的有效开发和利用；

---

① 褚瑞莉．激励理论视域下高校师资队伍构建研究［M］．北京：九州出版社，2019：2.

人事权集中在学校人事管理部门，对学科、专业的发展缺少有效支撑，而各教学单位在长期的人事制度管理体制下，对学科本身发展需要的必要的人力资源培养缺乏主动性；人事管理部门在工作中的行政泛化和路径依赖，缺乏对现代管理理论的学习和理解，从而造成学校行政管理中的学校行政失灵。

（三）政策制定的权限集中在行政管理部门，使得在政策制定上不能有效体现教师的意愿，而管理者素质不高以及制度的缺陷等原因使得制定的政策一开始就存在问题，同时教师在政策的执行过程中有抵触的情绪，最终使得政策执行不力。

（四）在师资队伍的建设上，注重人才引进，轻视自有人才的培养，在教师待遇上内外有别。在教师培养方面更多的是个人的自主行为，没有根据学科的发展需要制定的长期的、科学的培养规划。

（五）在绩效考核中，重量不重质，重科研、轻教学，缺少有效的激励机制。比如，在教学的考核中，着重考核教师的课时数等量化指标，但对质的方面缺乏有效监督，课程上好与不好一个样，认真不认真一个样，从而造成部分教师心理失衡，丧失了上好课的积极性和主动性。在科研成果的考核中更是以量论英雄，导致了大量低水平科研成果的产生。在考核指标体系的制定上，往往没有经过科学的论证，而是师资管理部门的管理者根据以往经验，再加上参考国内外其他高校的做法，并没有根据本校实际情况仔细推敲和升华，且评价指标往往单一，对不同学科和不同课程做不到区别对待。

## 第二节　高校教师管理模式的改进

教师管理制度改革事关高等教育的全局，涉及教育行政部门与政府间关系，涉及社会保障体系的完善，更涉及学校的发展和教师本人的切身利益；同时，高校教师群体又具有明显区别于一般人力资源群体的特殊性，要求我们在制度设计方面不能将企业的管理模式简单套用，而要根据教师群体的特点进行有针对性的设计。在改革中我们应该以治理为模式，形成视教师为资源的人力资源管理理念，从政校关系、决策制度、聘任制度、考核制度和分配制度等方面重新设计教师资源管理体系，加强对教师队伍的培养和激励，促进对教师资源的有效利用，同时还要充分认识到校园文化在教师管理中的积极作用，建设具有独特风格的、和谐的校园文化。

## 一、重建政府与高校关系

政校分离并不是说教育行政部门对高校的发展不管不问，而是要明确行政部门的权力和职责。政府应从举办者、办学者、管理者三位一体的全能型身份中走出来，重点行使其督导职能和保障职能。

政校分离，首要一点是要将高校与行政级别相脱离，不再提什么部级、副部级或厅级，校领导的任命应给予高校更大的自主权，由学校学术委员会选举产生，真正做到学术治校、学者治校。淡化学校领导身上的政治色彩，庸者下、能者上，营造高校浓郁的学术氛围而非政治氛围。

政校分离后，政府以及教育行政部门应重点做好高校的财政保障工作，应建立和完善财政制度，改革教育财政管理手段，从制度上保证高等教育发展所需要的稳定的资金支持，注重对资金分配和运用科学管理，提高资金使用效率；同时政府要充当中介和桥梁，扶持教育中介组织的建立和发展，推进各种捐款和捐赠制度的建立，加强企业和高校间的联系，广泛吸纳社会各界对高等教育的资金支持。

要继续大力推进事业单位人事制度改革，必须建立有效的社会保障制度。没有科学、有效的社会保障，高校在发展过程中就不可能放开手脚，人员的合理流动就是一句空话。只有建立有效的社会保障制度，才能彻底解决高校人事制度改革中遇到的人事关系问题，才能使教师从"学校人"真正变为"社会人"。

## 二、高校管理者要树立"以人为本"的管理理念

"以人为本"不是一句口号，要真正落到实处。高等教育教学是根本，教学中教师是核心。在高校的教师管理中，要牢固树立以人为中心的现代管理新理念，追求教师资源管理的人本性，提升教师的归属感，同时将教师资源开发提升到第一的位置，使高校的人事工作能着眼于人力资源的开发，致力

于人才的合理、充分利用；加强管理者现代管理理论的培训和提高，积极吸收管理学领域最新、最科学的研究成果，并将其运用到高校师资资源管理的实际中来，做到人力资源管理方法的科学化、规范化、民主化以及管理体制的合法化和规范化，营造尊师重教的良好氛围，始终坚持尊重教师的意愿，了解教师的需求，最大限度地激发教师的积极性和创造性，使教师的潜能得到全面的发挥，实现高校教师管理过程中理性管理和人文化管理的有机结合。要将管理职能转化为服务职能，为教师提供良好的发展空间服务，为教师消除后顾之忧服务，营造科学的发展平台，提升教师对学校的满意度，实现教师满意与学校可持续发展完美结合。

人本管理的重要一点就是要宽容，它有两方面含义：一是对待教师要宽容，要细心发掘教师的长处和优点，同时还要尊重教师个人的尊严、自我价值和个人的需要，要宽容对待教师在性格方面的特性。要经常了解教师对学校工作的意见，让教师参与到学校重大制度与改革措施的制定中来。二是对待教师的学术观点要宽容，学校特别是各学科的学术带头人要能够容忍甚至提倡多种学术观点的并存，对个别教师提出的特异性观点不能一棍子打死，要营造高校百花齐放、百家争鸣的宽松学术氛围。当然，宽容不是放纵，高校教师资源管理需要有效的规章制度来规范教师行为。在负强化的基础上，更应该利用正强化效应，帮助教师尤其是青年教师制定自身的发展目标，并在教师目标的实现过程中实施有效激励，使教师不断自我再造，充分发掘自身潜能，为教师向更高层次发展和更高价值的自我实现创造可能。

教师资源的管理应尽可能地由学院来进行，学校层面应主要负责宏观的督导与引导，原因有三。

第一，教师的管理权过分集中到学校手中，在很大程度上造成了教师和学校的对立，教师对学校的管理措施产生抵触思想，学校科层制的组织结构使学校的管理措施在实施过程中效率低下，是造成学校行政失灵的主要因素，按照治理理论的观点，对人力资源的管理应调动全方位的力量，特别是要发挥学院在教师资源管理中的作用。

第二，学院是学校学科建设和发展的主要承担者，更了解学科建设中对教师资源的需求，而根据发展目标进行有针对性的管理是现代人力资源管理理论的应有之义。

第三，学院更了解教师在个人发展中的需求，在管理中更能体现对教师的人文关怀。

### 三、实行真正的教师聘用制，做到能上能下，促进教师的合理流动

从中共中央组织部、人事部、教育部联合印发的《关于深化高等学校人事制度改革的实施意见》（人发〔2000〕59号）、中共中央办公厅《深化干部人事制度改革纲要》（中办发〔2000〕29号）以及中共中央组织部、人事部印发《关于加快推进事业单位人事制度改革的意见》以及之后人事部颁发的一系列关于在事业单位实行聘用制的文件制度之后，高校聘用制改革被正式提到高校改革的日程上来。对高校来说，推行聘用制的主要目的是打破教师职务终身制，改变教师对学校的人身依附，减少教师在职称评聘过程中的论资排辈现象。在高校聘用制的推行过程中，难点是岗位怎么设，报酬怎么定，身份怎么转，合同怎么签，上岗怎么竞，下岗怎么办，程序怎么走，社保怎么交。在这些方面，我们应该在弄清自身情况的前提下，借鉴国外发达国家的成功经验。

国外大学教授普遍实行"终身职"，而对低职称者普遍设置任期。美国大学实行的是教授终身职，但与之相对应的是在教师未获得终身职前的"非升即走"制度，规定如果在学校工作的六年之内得不到终身职，那么他在一年内必须离开学校，另谋出路。英国原本实行的是教授、副教授、高级讲师没有任期，讲师有任期，但现在情况发生了变化，英国在1988年颁布了教育改革法，从法律上停止了大学教师乃至退休的终身在职权，学校可以适当的理由解雇教师。德国虽然实行的是教授无任期制，但德国队教授的聘任有着严格的规定：德国任用教授的必要条件其一是具有学术性业绩或艺术性业绩，其二是在从事职业最少的5年内能使学术观点和方法得到应用和发展，并取得特殊业绩。同时还要参加教授资格考试，必须以优秀成绩通过博士考试的合格标准，这样也只是具备了教授资格，拥有讲师称号。教授的聘任必须从校外公开招聘，不允许聘任本校任命的讲师。

在国外大学教师聘任过程中，以下四点对我们来说具有很大的借鉴意义：

一是发挥审议机构的中介作用；二是制定完善的法律以及学校的规章；三是完善公开招聘制；四是重视教师的校外经历。

鉴于此，笔者认为我国高校的聘任制应做好以下四方面的工作。

（一）科学设置岗位，下放岗位聘任权限

这其中包括两层含义：一是要根据学校的岗位总数以及各教学单位承担的教学任务情况科学测定各单位编制；二是将岗位分成关键岗位和一般岗位，关键岗位由学校聘任，一般岗位则根据各单位编制情况，综合考虑学科发展等因素，合理地分配到各个单位，由各单位自行聘任。

（二）合理设置任期

任期设置得合理与否，将直接决定聘任制推行的成败，任期过长，则起不到聘任制应有的激励作用，使低职称者努力的动力减退，而对高职称者又起不到刺激作用；任期过短，则一方面增加教师担心失业的心理负担，另一方面使功利性的研究活动增加，违背了科学发展规律，不利于教师从事科研活动的独立性和从事长期的基础性研究。同时，具备条件的学校应实行低职称教师在一定年度内的非升即走制度，在到期后如果通不过专门委员会对其进行的教学效果、科研能力以及学术水平的考核，就必须离开学校，这将极大地促进年轻教师勤奋上进，不断提高专业水平和敬业精神，还将对人才的流动和学术的交流起到促进作用。同时，我们不妨在特定的群体内尝试终身教授制，比如，那些对学校发展做出突出贡献，在学校的学科建设和教师梯队建设中举足轻重的、在国内外有着极高影响力的大师级学者授予教授终身职，使他们能够安心从事研究工作，特别是一些科研周期长、工作量大的基础性研究，而且将有利于对学科内的教师梯队建设起传、帮、带作用。需要指出的是，教授终身职在实行过程中人数不能过多，必须坚持宁缺毋滥原则，而且其最终授予权应掌握在代表学校最高学术水平的校学术委员会手中，以防止权力被滥用。

（三）完善聘任程序

要制定规范的聘任办法，并且在办法的制定中广泛征求教师意见，让教师积极参与聘任制度的制定。在聘任程序上应公开、公正、公平，坚决杜绝暗箱操作。对于学校关键岗位的聘任，在我国无中介审议机构或机构职能不健全的情况下，必要时要聘请国内其他高校的同行专家对申请人进行鉴定；聘任工作应面向全社会公开，考核过程和结果也都要进行公示；建立教师申诉制度，如教师对聘任结果有异议，可以到指定的申诉部门申诉，申诉部门必须受理教师的异议投诉，并在规定的时间内予以答复。

（四）要与政府职能部门一起做好未聘教师的生活保障工作

特别是在推行聘用制改革的初期，除了政府职能部门要做好未聘教师的社会保障外，学校也应在能力范围内为教师再就业创造条件，保证教师队伍的稳定。

在聘任制的推行过程中，教师身份的转变是重点也是难点，也只有在改变教师对学校的人身依附，完成从"学校人"到"社会人"的转变，建立学校与教师间真正的契约关系，聘任制才有可能真正实行。

### 四、完善教师绩效考核评价体系，实施有效激励

（一）完善教师绩效考核评价体系

1. 对教师进行绩效考核的原则

要从教学和科研两方面综合平衡考核，不能厚此薄彼。在高校的日常管理中，很容易出现重科研、轻教学的现象。这一现象又容易导致一线教师丧失教学兴趣，不能把主要精力放到科研上，无心进行教学以及教学法的研究，致使教学质量下降。对科研考核的过度重视，反而使科研成果日益大众化，学术价值大打折扣，同时由于教师争相进行科学研究，导致科研经费的收益下降，出现科学研究的规模不景气。

2. 考核过程要公开、公正、公平

公开原则是指对教师的考核过程、考核标准以及考核结果要公开，不能搞暗箱操作，不能人为干预；公正原则是要求考核者在考核过程中要实事求是，不能人云亦云、送人情分，更不能打击报复，考核者应在教师中有威信，有较高的学术地位，教学效果的公认程度高；公平原则是指应综合考核教师，不能因某一点原因就全盘否定教师的所有努力，还要给教师申诉的权利和机会。

3. 要做好考核结果的反馈和利用

考核结果要及时反馈给教师，没有反馈的考核是没有任何意义的；同时

对考核结果应有说法，否则考核就只是一句空话，没有任何实际意义。

4. 考核应采用量化指标，又不能绝对量化

量化的指标可以更明确地评价教师的教学和科研工作，不像描述性评价容易掺杂个人的主观因素，量化的考核也可以通过调整权重等方法使评价更科学。但在设计量化指标的时候，要充分考虑到质的方面的因素，不能单单考虑授课学时、发表论文数量等，否则容易产生教师对量的追求而忽视对质的追求的导向作用。

（二）加强师资队伍建设，实施有效激励

根据学校以及学科的发展需要，有针对性地对教师进行培养，同时建立有效的激励机制，调动教师在工作中的主动性与创造性，是对高校教师按照现代人力资源管理模式进行管理的重要特征。

1. 师资队伍建设的基本措施

在师资队伍建设中，应在建设规划、人才引进和教师培养等方面制定行之有效的措施，特别要注意以下两点：

（1）教师队伍建设要着眼全局，要有前瞻性

教师队伍的培养首先应有全校性的指导性培养方案。全校的培养方案应是学校管理者根据学校师资队伍的现状，包括教师队伍的年龄结构、学历结构、学缘结构及学科间的数量结构，制定出本校的教师队伍建设规划。各个学院应根据本部门的师资队伍状况、教师个人的发展潜力和发展需求情况及学科的发展需求制定详细的师资队伍培养规划。学院的培养规划要从学科建设的需要出发，要有前瞻性，同时还要充分考虑到教师的个人发展的需要。第一，对教师的培养要加强对精英人才的培养，培养出学科的学术带头人；第二，要加强对中坚力量的培养，这是学校教学的主干力量；第三，要加强对青年教师的培养，建立起一支老中青年结合、结构合理的教师梯队。

（2）做好人才引进工作

在高校的师资队伍建设中，人才引进对充实教师队伍，完善知识结构，活跃科研氛围起着重要作用。而且人才引进政策起效快，对学科建设的作用明显，往往成为管理者首选的建设措施。鉴于此，我们在制定引进人才政策的时候，要根据公平理论，对给予引进人才的待遇进行恰当的设计。引进的

人才必须对学科建设起到积极而有效的推动作用，要人有所值，同时要给予本校内同等层次人才相同的待遇，以免打击其积极性，造成优秀人才外流。

2. 建立科学的激励机制

人力资源管理学提出从"以物为本"向"以人为本"的价值观转向，使有效激励成为管理工作的核心。高校教师作为一个特殊群体是高校办学的主体，是实现办学目标的主导力量，这就向高校管理者提出了更高的要求。如何充分调动高校现有教师的内在动力因素，把以教师为实现目标的主导力量落实在工作的各个环节上，提高教师的教学水平、科研水平、创新能力及为人师表的自觉性，是高校教师管理中的主要内容。

有效的激励模式应从以下五种途径对高校教师进行激励：

（1）在薪酬制度设计上，要突出工作量对薪金总额的影响

过于平均的薪酬制度设计容易使教师在达到一定目标后产生惰性，如果在现有职级的基础上再进行分化，同时拉开各级别间的薪金额度，就可以使教师即便达到了某一级别却仍有向上努力的空间。特别是教授岗位，因往上职称已经到顶，就可以在那些距离带头人层次尚远的教师群体中设置教授的级别，达到了一定的教学工作量、教学效果以及科研工作量等，就可以拿到比未达到的教师高得多的薪金，这样设置的标准就成为一种导向①。

（2）树立目标，塑造教师积极的心理预期

这也是我们经常说的目标激励法。有关目标设定的研究表明，设定恰当的和富有挑战性的目标能够对主体产生强烈的激励作用。目标太低，激发不了积极性；目标太高，则会由于实现无望而产生不了积极性。学校要加强学科建设、提高教学质量、提升科研水平、改善教师结构，那么在教师的考核、酬金发放、职称评聘以及对教师的培养等方面都要恰当地提出对个人科研水平、教学质量以及知识结构、个人能力等方面的目标，这同时也是一种导向作用，使个人目标的实现间接达到学校目标的实现。

（3）公平对待教师的劳动，是最好的激励措施

这里所说的公平，不是平均主义，而是按劳分配上的公平。我们在日常

---

① 马小平. 高校人力资源管理发展与创新［M］. 长春：吉林出版集团股份有限公司，2018：242.

的工作和生活中，总是会与其他人进行比较，从而产生公平感或不公平感，教师同样如此。教师对激励措施往往更看重横向的比较，看其他人在付出同样多的劳动后得到的激励与自己获得的激励是否一致，而非仅仅是获得激励的绝对数量，并且这种比较比绝对的激励对教师来说更为重要。因此，不公平的激励在效果上甚至不如不激励。

（4）言必信，行必果

要注重对激励措施的兑现，不能只说不做，这包括两方面含义：一是在制定激励措施时要充分考虑到学校自身的承受能力，不能做出超过学校支付能力的承诺；二是做出的承诺就要兑现，即使当初的承诺已经对学校的发展失去了意义，但在学校没有明确停止激励前，仍需兑现。这样会免除教师付出劳动却无法获得回报的后顾之忧。

（5）教师参与决策是对教师的最大激励

教师参与决策是治理理论在高校管理中的一种实际体现，也是发扬民主、满足教师受尊重和信任的需要，同时也能增进决策者和教师间的相互了解，创造出相互信任的心理氛围，还能增加教师的满足感和归属感。教师参与学校政策的制定是学校合理、正确决策的必要条件，而合理、正确的决策本身就是对教师最好的激励措施。教师参与决策，可以充分利用高校教师群体的高智力资源，有利于决策的科学性和合理性；还可以体现教师在学校的主人翁地位，使教师感到自身的利益和学校的利益息息相关。只有这样，才有利于调动教师的积极性，使教师资源得到更充分的利用。

## 第三节 高校学生管理存在问题原因分析

### 一、高校学生管理的制度现状分析

自 2005 年 3 月《普通高等学校学生管理规定》发布以来，在高校的学生管理工作中，将高校学生管理制度的构建和完善应用到高校学生管理工作和思想政治教育工作之中，教育者运用制度的法制约束力，并通过思想政治教育晓之以理，通过学生管理引导和规范学生的行为，充分体现了高校学生管理制度的重要作用。在高校学生管理制度的保障下，思想政治教育才卓有成效；在思想政治教育的影响下，高校学生管理制度才切实发挥作用，使学生管理工作立竿见影，可见，高校学生管理制度和大学生思想政治教育是相辅相成的辩证关系，两者的协调发展保证了高校培养目标得以实现。不断完善高校学生管理制度，有助于夯实高校思想政治教育基础。健全高校学生管理制度，有助于提高高校学生管理工作的效率，为思想政治教育的顺利开展提供了保障。在我们的社会主义大学里，用马克思列宁主义、毛泽东思想、邓小平理论为指导的思想政治教育无疑处于学校各项工作的主导地位，要是思想政治教育能够行之有效，必须与多种教育方法相结合，其中通过建立健全规章制度，坚持学生管理是开展思想政治教育的重要途径。高校应严格遵循《普通高等学校学生管理规定》，结合自身实际情况制定相关的管理制度，对学生进行有效的管理，维护和稳定学校教育教学秩序，并促进思想政治教育工作的开展。高校学生管理制度建设的目的并非为了约束学生的发展，恰恰相反，是通过制度的手段，指导、帮助学生的学习和成长，督导学生努力学习奋发向上，由此可见，高校学生管理制度有力地促进了学生身心健康发展，激励了学生早日成长成才。教育工作者应当引领学生学习学校的各项规章制度，从而为思想政治教育工作的开展打下良好的思想基础①。

## 二、高校学生管理中存在的问题

在我国高校学生管理制度实施取得成就的同时，也存在一些实际的问题。

（一）管理程序不规范或缺位

高校在法律层面究竟是怎样的角色，看似简单的问题却难以回答，这也直接导致高校在进行学生管理制度实施过程中处在尴尬的境地。高校本身不是法律制度的仲裁部门，本身不具备法律处分权力。高校遵循和制定的学生管理制度应该属于行政管理的范畴，但是在当今政治体制改革呼声

---

① 莫春梅. 服务与发展理念下的高校学生管理研究［M］. 北京：中国原子能出版社，2019：31.

很高的情况下，高校的去行政化呼声也很强烈。在这样模糊混乱的高校定位条件下，高校在学生管理过程中开出的"罚单"究竟具有多强的效力成为人们质疑的问题。这主要集中在管理权限不清晰、管理程序不规范，从而引发学生与学校管理之间的纠纷，甚至最终运用法律手段得以解决的案例，往往以学校败诉为结果，其原因就在于学校在管理执行上的程序不合法而缺少法律效力。

（二）管理交叉或管理缺失

由于当前我国高校学生管理制度仍然处于建设阶段，很多方面还存在不健全的地方，其导致的后果就是缺少有效合理的指导。在具体的管理过程中，人们往往依据自己的主观判断来断定这件事情是否在自己的职权范围内，这主要是由权限不明造成的。每个部门的工作人员都有自己的权限要求，在程序管理程序执行的具体操作中，往往容易产生合作不力即各管理部门之间的职权范围不明确，在当前学生问题向复杂性和综合性发展的趋势下，单独依靠某一部门已经很难彻底解决学生的实际问题，而实际上相关部门联动运作的少，互相推诿的多，未能从根本上达到服务学生的宗旨。这主要是学校学生管理工作缺少统一的组织协调，缺少借鉴管理学上的组织经验，各部门缺少对学生管理的工作交流。

（三）重管轻教影响学生的人格培养和全面发展

长期以来我国教育理念集中在严抓严管，从严治教的管理理念中，对学生的个性化发展缺少关注，对学生的引导性教育也缺少理论支持，所以学生长期在一种高强度的环境下被管理，也造成了一提到"管理"就有不良印象的现状。这种重管理轻教育的管理模式是由历史上我国教育管理理念的缺失和落后造成的。在传统教育理念中，往往以严厉的管教作为教育的主要理念，认为只有严格要求才能真正地学到知识，记住应该遵守的学习法则。但这种灌输式的传统教育理念已经不适合当今社会的时代发展，可它在我国教育管理工作中还存有部分残余，这种残余的表现形式不是明显地表露出来，而是在改革和向现代教育理念变化的过程中，由于原有教育理念的根深蒂固和新教育理念实行初期的不适应导致残余传统理念的流露。具体表现为在制度实施过程中，主要依靠制度规定中关于做某件事情的处罚措施加以管理，而不是通过制度保障，让学生在发生问题之前或之初，通过心理疏导等方式对其进行问题干预，做到及时纠正及时教育。

（四）缺少完善的制度实施监督评价激励机制

制度实施的结果是通过完善的监督、评价、激励机制来实现的。制度实施状况分析是一个动态的监控过程，只有在实施的过程中进行的动态监督，才能在第一时间发现问题并作出判断。监督作为较为被动的制度实施保障措施，目的在于尽量不出现问题或是在出现问题之时进行解决，主动的制度实施保障措施旨在调动制度实施的参与者，引导他们向着正确的制度实施方向发展。主动式制度实施保障措施包括制度实施评价和制度实施激励。制度实施评价是阶段性地对制度实施的方式、方法、效果进行综合评估评判。在国家中长期教育改革和发展规划纲要中指出，要完善督导制度和监督问责机制，强化对政府落实教育法律法规和政策情况的督导检查，建立督导检查结果公告制度和限期整改制度。

### 三、高校学生管理问题的原因分析

（一）学生权利和义务的具体界定不明

我国《教育法》对学生规定的权利义务不具体，缺少相关配套法律文件和明确的司法解释，这就造成了对法律精神领悟存在不同解释，随意扩大学校在适用法律时的自由裁量权，损害学生的权益。在司法救济方面也存在不周全之处，例如《中华人民共和国教育法》第四十二条第四款规定：对学校给予的处分不服向有关部门提出申诉，对学校、教师侵犯其人身权、财产权等合法权益，提出申诉或者依法提起诉讼。此条只规定了学生有权就学校的处分向有关部门提出申诉，而对于其他司法救济途径未给予规定。即使是申诉权的行使也未给予具体规定，如向哪一部门提出申诉，申诉的期限等问题都未具体规定。虽然该规定明确了学校、教师侵犯学生人身权、财产权等合法权益，学生可提出申诉或者依法提起诉讼，但是学校对学生的其他权利的侵害没有给出救济途径。

（二）学籍管理观念需要升级建设

首先，在学籍管理过程中，重管理、轻服务的现象十分普遍，学校管理者忽视学生的主体地位，只把学生看作接受教育和被管理的对象，而不把学生当作服务对象，造成学籍管理工作行政化、机关化。其次，学籍管理工作缺少专业化建设。许多学籍管理人员同时也是学生管理工作人员，对于学籍管理工作没有进行专门的研究，往往在需要的时候作为一项工作进行完成。还没有把学籍管理作为一门学问来对待，认为学籍管理只是简单的事务工作，缺少学籍管理研究的氛围，只是停留在常规管理上，忽视甚至放弃学籍管理的创新。学籍管理既不能过于强化以免对学生自主创新的热情产生影响，同时也不能流于形式，忽视了必要的学籍管理对学生管理的重要作用，只有将人文化的服务与严格的管理结合起来，才能得到良好的管理效果。

（三）校园管理严格性与课外活动的自发性存在矛盾

校园的建设需要一个严格有序的管理环境，但是在当前大学生课余生活形式越发多样的条件下，这样的传统管理方式正在经历着严峻的考验。传统的课外活动往往是以班级或者社团的形式产生，有较为固定和明确的群体组织作为支撑，制度管理上存在实体，能够较好地落实管理规定。随着网络新媒体的日益壮大，很多大学生逐渐热衷于虚拟的网络社交形式，这给学生管理工作带来了极大的挑战。具体表现为两方面：一是管理实体变得模糊，网上有很多社交软件都支持陌生人联系，在寻求刺激的同时也让自己陷入危险当中，而这些陌生人往往不会暴露自己的真实身份和真实意图，交往见面时也经常选择在校外等学校管理所不及的环境中进行，如此便对在校学生的人身安全造成威胁；二是活动的自发性较强，很多交往联系活动都是在学生无聊时打发时间产生的，而这样一来学校管理者无法及时掌握学生的活动动态，管理工作便陷入被动。当前校园管理的严格性主要还是依照以往学生交往形式较为单一、以集体活动为主的形式进行的，已经不能应对当前学生课外活动自发随机性的新挑战。这在管理规定中还以探索为主，缺少系统的规定和较有指导意义的理论指导，这一矛盾成为学校日常管理中一项亟待解决的问题。

## 第四节　加强高校学生管理工作的策略

**一、运用"以学生为本、全面服务、科学发展"创新高校学生管理工作理念**

（一）树立"以学生为本"的管理价值理念

高校管理工作是围绕人的管理来做的，这就要求在学生管理上应树立以生为本的理念，以学生为本，尊重人本质的主体性、能动性和多样性，注重学生的个性发展，并在学生管理工作中注意管理和服务思想并重。树立"以生为本"的管理思想，是做好高校学生管理工作的基础，也是从根本上创新学生管理工作理念。

1. 充分尊重学生的主体性

马克思说，"人始终是主体"。同样，学生在学生管理工作当中也是绝对主体，是教育的主体对象。高校学生管理应该根据学生不同程度的变化来调整高校学生管理的方式和方法，进而实现组织的目标。而大学生（被管理者）还需要管理者的教育引导，因此高校学生又是管理的客体。所以，在管理工作中应该确立"以学生为本"的理念，要尊重学生的人格特点，最大限度地发挥学生的主观能动性，使学生能够积极主动地配合学校的教育和管理，又能主动地采取自我教育、自我管理的方式。

2. 注重学生的创新性发展和个性化发展

新形势下的学生管理工作不仅要突出学生的主体地位，而且要尊重学生的个性发展。全面注重学生创新思维的培养，设定多层次发展目标，全心全意为学生的发展服务，充分调动学生在管理工作中的积极性，发挥他们的创造性。具体可以通过理想信念教育，用正面引导和反面惩戒来对学生进行思想政治教育和日常管理。从道理上说服学生，促使学生明辨是非，知晓荣辱，从而使学生正确规范自己的行为，调整自己的状态。通过激励和锻炼来激发学生内驱力，激发学生发展成才的动力。

3. 树立以生为本的理念

学生成才是高校学生管理工作的出发点和归宿。康德认为，人是目的而非手段，这就强调了人的主观能动性使人真正成为自觉的活动主体。那么，学生作为高校学生管理工作的目标，只有在以生为本的价值观指导下，高校学生管理工作者"才能把目光清醒地投注于人类命运的终极关怀，努力改变被工作异化的状态，在活动中充分展示自我主体性，并与他人共同营建一种和谐共进全面发展的生存状态。"高校学生管理工作的核心是人文关怀，要把服务学生、尊重学生、培养学生、激励学生，促进学生全面发展作为学生管理工作的根本目标。以生为本要充分尊重学生的人格、权利和创造性，使其由被动管理向主动接受管理发展，满足学生需求、适应学生特点，强化学生自身素质提高、综合能力加强。在管理者实施管理工作时以朋友的心态去解决学生出现的问题，帮助学生解决实际困难，维护学生的合法权益，对学生提供一些方向性和指导性的建议和意见。会使管理效果更为显著。

（二）树立全面的服务、教育、管理一体化理念

为学生的成长和成才创设良好的氛围，促进学生发展，从而服务于高校培养人才的使命才是学生工作关注的重点。因此以学生为本，牢固树立为学生服务的理念，紧紧围绕着学生的需求，构建顺应学生发展的教育、管理和服务三位一体的学生工作体制，是学生工作可持续、协调发展的必然选择。随着学生规模不断扩大，学生工作职能的不断丰富，学生事务的不断增多等因素以致校级管理不顺畅，缺少系统性与灵活性，从而不利于学生的全面发展。因此要树立学生工作的教育、管理、服务一体化的理念。树立以生为本的理念，学生管理工作者被赋予了多重角色，他们既是管理者、教育者，更是学生的服务者。这就要求在学生管理的过程中运用教育、管理、服务一体化的理念，把教育过程、管理过程和服务过程相结合，使三者相互渗透、相互促进。

学生工作者应先树立服务意识，在情感上不让学生产生距离感，如此便更容易形成和谐的沟通氛围，如关心学生就业，适时地为学生提供市场信息，在市场经济与高校学生中起到枢纽作用，对学生就业进行指导和服务。树立

服务意识还体现在对学生弱势群体的服务，为他们提供奖助学金和经济援助，以解决其后顾之忧。通过设立奖学金、为贫困学生申请贷款、提供勤工助学岗位、实行缓期交费制度和给贫困生发放补贴等措施帮助贫困生渡过难关。学生会、社团也要经常组织活动，号召大家共同帮助、资助经济困难学生，让他们感受到集体的温暖。

（三）树立科学发展的民主化学生管理理念

现代高校学生是一个具有较高素养的特殊社会群体，他们对事物的认知有着别具一格的见解，反感管理者用命令的方式来对他们进行管理。因此当前在学生管理中我们必须强化学生管理中的民主观念，彰显人文管理精神。在学生管理中，坚定学生的主体地位不可动摇，要做到一切为了学生，为了学生一切、爱护学生、理解学生、尊重学生，努力营造平等、民主的育人氛围，构建科学的管理发展模式。而且要让学生在管理活动中参与管理、参与决策，从而使管理者和被管理者为实现共同的目标而奋斗。此外，还要为学生的权利和自由发展创造良好的民主条件，给他们提供科学民主的参与管理平台，促进学生管理科学发展的民主化、制度化进程。

学生作为培养对象的主体，通过实施素质教育提高其自我管理的能力，提升其社会交往、处事、组织管理的能力，为今后走向社会做好充分准备。当今社会在不断进步和发展，大学生的思想观念、道德行为、价值取向等发生了深刻变化，因此要引导学生加强自我管理，提高他们未来走向社会后的生存能力和发展能力。在当今社会，高校教师既要教书育人，还要管理指导，既是学生的朋友，又是学生的人生导师。因此，教师要对他们进行引导，使学生养成正确的学习生活习惯，树立正确的世界观、人生观、价值观。

一是民主化，培养学生自律、自立和自我管理的能力，变被动接受管理为主动参与管理，让学生在管理活动中参与选择，参与创造，参与管理，参与决策，使管理者和被管理者心灵相通，为实现共同的目的而努力奋斗。学生管理工作需要加强民主观念，强化独立意识、服务意识，克服传统制度的弊端和漏洞，使高校学生管理工作趋于正规化、系统化、合理化。实现全方位为学生成长、成才服务，这就要求学校以服务者的姿态从各方面为学生提供服务。既包括学生学习上的指导，也包括学生学习设施、环境的改善；既要注意服务内容覆盖的全面性，又要注意服务客体的全面性，真正使学生在民主的氛围中得到实惠，积极维护自身的合法权益，进而实现全面发展。如通过一些系列的活动提高学生的自我教育和自我管理能力，像是参加学生会团体、学生社团等学生组织，通过这些学生组织可以让青年学生参与活动，参与学校的管理工作。新时期，我国高校在学校发展过程中都会听取学生们的意见，并鼓励学生参与学校的管理和监督中，培养学生的自律能力，让学生以不同的形式参与学校的发展，尊重他们的民主权利，唤起他们的责任感。

二是法制化，无规矩不成方圆，国有国法、家有家规、校有校规，学校规章制度是学生良好学习和生活秩序的行为规范和准则，学生依靠行为规范和准则，用法律和习惯约束自己，使学生减少在成长过程中犯错误的概率，同时养成良好的习惯，培育高尚的道德情操，遵守法律规则和道德准则，是现代人必须具有的基本品质。

## 二、运用"法律手段、制度手段"创新高校学生管理工作体制

（一）运用法律手段加强高校学生管理工作体制

高校学生管理法治化是学校依据我国的宪法和法律，根据学校自身的实际情况合法、合理、科学地制订学生管理规章制度。按照法律规定开展学生管理工作，是高校学生管理法制化的重要标志①。高校学生管理的法制化要实现有法可依、有法必依、执法必严、违法必究。避免在处理学生问题时出现误解和歧义，发生不必要的争端。具体需要做到以下两点：

1. 健全教育法律法规体系，建立科学的管理程序

根据我国高等教育管理的要求，法制化的高校管理规章制度必须不断加强和完善，确保与时俱进、有法可依。首先，高校要依法确立规章制度，做到依法管理、依法教育、依法处罚，不可只凭个人主观意见分析决策。我国近年来的法律体系也在逐步更新和完善，各职能部门相当重视，高校也应加强对学生管理制度的更新和完善，以符合国家法律、法规的相关规定。新时

---

① 曾瑜，邱燕，王艳碧 . 高校学生管理工作法治化研究 ［M］. 成都：西南交通大学出版社，2016：120.

期，高校学生管理制度的制订和完善要打破传统的管理思想，既要出台合法的管理制度，也要提出相应的维护学生权益的制度，满足学生自我保护和维护自身权益的需求，变刚性的学生管理为服务育人的育人理念。其次，修改后的法律必须与宪法法律相一致，在此基础上还要增加一些程序性条款，程序合法能够切实保障实体性权利的实现，以此便可以来保障学生的根本利益和合法权益。以更加科学合理的管理手段来解决高校学生管理中所出现的问题，使学校在治校过程中能够做到有法可依。

学校在依据国家宪法、法规制订学生管理制度时，要制订操作性较强和执行范围较全面的规章制度，避免在出台政策规章后没有相应的执行力，效果不佳或无法实行，这样会使学校管理职能部门处于尴尬境地。如应该避免学生在接到处罚通知时对处罚结果和认定过程不明晰、不赞同，迫使学生需要重新申诉，职能部门也要重新审核。这样无形中也浪费了一部分的办公时间。当然，一旦申诉情况发生，相关职能部门也应耐心接待、重新审核，确保过程和结果都能有一定说服力。认真履行职责，让学生体会到优质的服务；为学生解决难题，除去疑虑和不解；认定错误事实，以便加强教育能力。

2. 依法对学生进行管理，重视德治

依法对学生进行管理包括以下两方面：

一是依法管理，维护学生合法权益。学校既是管理者也应该是尊重和维护学生的守护者，学校的管理目的是培养德、智、体全面发展的人才。在教育、指导学生时应该根据学生的不同特点开展有针对性的教育和指导，但是前提是在公正、公平的条件下。学校通过监督教师行为规范，加强法律指导，提高教师的法律知识，规范教师的言行，公正、公平地对待每一个学生，尊重他们的权利，让他们履行自己的义务，努力为学生提供最佳的学习生活环境。

二是加强重视道德规范。一个积极健康、发展快速的学校，一定是一所法治与德治非常完善的高校。法治要求我们每一个人都要去遵守相关制度法规，德治是用心、用情感处理事件，二者缺一不可。首先，德治是法治的思想基础。社会成员的道德水准提高，守法意识才会更强。学校的学生管理者首先要加强政治理论的学习，规范自己的言行帮助学生树立正确的世界观、人生观、价值观。深入学生中去，了解学生的品德特点和他们的成长经历，发挥教师特别是思想政治辅导的作用，对学生开展丰富多彩、形式多样、学生容易接纳的活动，把社会的行为准则，学校学生的行为准则，潜移默化地渗透给学生，提升他们的政治素质和德育素质。其次，德治是法治的必要补充。法律的作用并不是万能的，还存在某些不完善，这就需要德治的补充作用。高校学生管理工作纷繁复杂，法规不可能覆盖到所有的学生管理工作中，但道德规范的力量是普遍存在的，它能够深入到生活中，填补法律法规的空白地带。法治和德治是相辅相成的，缺一不可，学校要提高学生法制观念和德育观，只有将二者有机地结合起来，才能保证学校管理质量，才能培养出优秀的人才。

（二）运用制度手段加强高校学生管理工作体制

高校应遵循国家法律的有关规定结合高校自身的实际情况和需求来制定高校学生管理制度，并依据合法的规章制度来规范学生管理，使学生管理更具有合法性、系统性。

首先，高校学生管理工作者在开展工作时要依据学校的合法规章制度对学生进行管理和教育。在工作中，如果发现某些规章制度不符合学校的实际工作，就及时改正，更新学生管理规章制度。要真正做到管理育人、服务育人、法治育人相结合。

其次，要改变以往把法律规章作为一种强制手段去管理学生和处理问题的方式。新型的管理手段应该是服务型管理，管理是服务和教育的一种转化形式，在一定程度上服务更为突出。要使管理、教育、服务三者结合起来，相互扶持、相互依存便要以法律为依据开展教育和管理工作。要理解法律的真正含义，它不仅是一种惩戒措施，更是一种保护手段，他可以维护人们的合法权益和根本利益。

最后，要为学生提供申诉渠道，为学生管理工作的反向信息提供入口，维护学生权益，倡导学生自我管理。可以建立申诉部门，让学生感到自身受到尊重和保护，并在此基础上运用法律武器很好的维护自己的合法权益不受不法行为侵害，勇于同各种不法行为作斗争。

# 第六章

# 高校人本管理及其实施策略

## 第一节　高校人本管理概述

### 一、高校人本管理概念的界定

#### （一）人本管理

随着社会的进步和员工受教育程度的不断提高，企业拥有者与员工的关系不再是雇用与被雇用的关系，更多体现为合作者关系。具有较高知识水平和技能的员工成为企业最重要的资源和财富，决定了企业的生存和发展，人本管理就是在这样的发展中产生并发展起来。人本管理思想是以人为核心的人力资源管理思想，它把员工作为企业最重要的资源，以人的知识水平、基本技能以及个体的健康情况等综合安排合适的工作岗位，并且充分考虑企业员工的发展和个人的需求，使用科学的管理方法，通过全面的人力资源管理、开发和企业文化建设，使员工能够在工作中充分地调动和发挥其积极性、主动性和创造性，从而提高工作效率、促进企业发展。现代企业最科学的管理方式是人本管理，管理的核心是以人为本的人本管理，企业在生产过程中尊重人的价值并强调人的主观能动性，体现人的本性、尊严和价值在企业发展过程中重视人、尊重人、关心人、塑造人，最终实现成员的全面发展。

人本管理思想发端于 20 世纪 30 年代，西方学者霍桑在实验中发现，企业的生产效率与员工自身的积极性、精神状态和所谓的士气密切相关，员工的士气高昂，精神状态饱满，幸福指数高，企业的劳动生产率就高，工人遵守劳动纪律的自觉性就高，从而产生了"以人为本"的管理思想，在管理理论中首次阐释了人在管理中的重要地位，并对后来的行为科学理论产生了重要影响。20世纪60年代后期，以人为本的管理思想在西方企业中受到了越来越多的关注和实践，人本管理理论不断丰富，人本管理理念在企业生产过程中得到了大量应用，企业主越来越关注或注意员工在企业生产中的主体地位和作用，最大限度地采取措施进行激励，尽力满足员工的基本需求，提高员工的满意度，从而使企业迅速发展。

目前，较为普遍的是把人本管理分为五个层次，它们分别是：情感沟通管理、员工参与管理、员工自主管理、人才开发管理和企业文化管理。

（二）高校人本管理

从管理学的角度看，以人为本是从现实的人出发，是贯穿于人的世界的一个根本原则。人本管理以人为中心，激发人的积极性和创造性，实现人的全面发展和组织效益的最大化。在当代，以人为本也越来越成为国家和社会各级管理事务中所普遍认同的原则。高等学校的任务是培养人才，教育的实施主体是人，受教育者也是人，人是高校管理的第一要素。高校管理就要以人本管理为核心，通过尊重、支持、激励、爱护等方式来调动师生的积极性、创造性和学习的自觉性，以人的全面发展和个性解放为目的，营造和谐民主的校园氛围，使学校管理成为教育人、培养人的过程。这就是学校人本管理的基本内涵①。

从管理者与被管理者的关系看，学校人本管理就是要求管理者在管理过程中，尊重他们的价值、人格及权利，并满足师生员工的需要，实现他们的自我价值。这种管理的特点是管理主客一体化，领导、教师，学生都是管理的主体，他们地位平等，人格独立，三者之间相互沟通与交流，相互促进与共同发展。在尊重人的价值的同时，建立一种良好的竞争机制，形成一种积极向上的发展动力。

从学校内部人与人的关系看，"以人为中心"要求人在尊重自己的同时，

---

① 任光升，李连国，张凤魁. 学校的人本化管理行动［M］. 南京：南京师范大学出版社，2012：94.

也必须尊重他人，与同事、领导等工作伙伴建立团结友爱、相互关心、相互帮助的和谐关系。每个人都有发展自身、实现自我价值的权利，同时更要尊重他人的人格与权利，"每个人只有作为别人的手段才能实现自己的目的"，对他人的尊重是尊重自我的必要条件，只有相互尊重才能使人享有人格尊严。从个人与学校组织的关系看，"以人为中心"要求管理者应以集体主义为原则来协调师生、个人与学校的关系，体现人的目的性与手段性的统一，把满足职工的合理需要作为学校人本管理的价值标准。学校组织既要考虑集体利益的满足，又要使个人合理正当的要求得到满足，如此才能使个人维护集体利益，为学校的发展发挥自己的积极性、主动性和创造性。

学校的整体发展与师生的个人发展是共同的、统一的和互为前提的。因此，在处理学校利益与个人利益关系上要体现权利、义务的双向统一原则，把人的发展作为学校的根本目标，将每个师生都视为有价值的人，调动与激发师生的积极性、创造性，以实现学校的健康发展，最终实现人的全面发展。

## 二、高校人本管理的理论依据

### （一）古典管理理论中的人本管理倾向

1. 泰罗与科学管理学派

在泰罗的著作中，超越了以往对时间和动作的研究，系统地阐述了他对机械、工作理念和科学管理的理论，突出了人在生产管理过程中的作用。如对人的劳动的每种要素规定一种科学的方法，对工人进行科学的挑选、训练和教育，以发展其技能；真心诚意地与工人合作，以确保工作能按照既定原则进行；在管理人员和工人之间均等地分配工作和承担责任。

泰罗的管理科学理论的核心是提高企业的劳动生产率，为了达到这个目标，要求必须为工作配备高素质的工人，要对工人进行科学的选择和培训，提高其技能，激励工人尽最大的努力来工作。

泰罗的管理科学理论承认了工人在企业生产过程中的作用，但并没有充分考虑到人的个人需求和个性的解放，也并未能使管理人员与工人之间和谐相处，泰罗理论中"人主要受经济利益推动，只要方法得当，工人自然为改善生活而做出最大的贡献"的假设，并没有在现实经济生活中得到印证。

2. 组织理论学派

亨利·法约尔（Henri Fayol）是"组织理论"学派的主要代表，在著作《工业和一般管理》中，提出了著名的管理五要素：计划、组织、指挥、协调和控制。他强调，企业首先要有强有力的领导，要对岗位工人进行科学合理的编排，要建立严格的规章制度保障生产的进行，同时还要注意激发员工的创造精神和树立员工的责任意识，对有突出贡献的员工要进行奖励和鼓励等。在"组织理论"中，法约尔已经开始重视人在企业发展过程中的重要作用。

经切斯特·巴纳德（Chester I. Barnard）、林德尔·厄威乐（Lyndall F. Urwick）的努力，使法约尔等人的研究成果融合成了一个综合而较为完整的组织架构和管理体系。巴纳德在《经营者的职能》和《管理和工人》中，把人际关系的认识、社会学的概念融入对组织结构的逻辑分析中，赋予了管理学崭新的思想和内容，第一次将以人为本的思想纳入管理的框架之中，揭示了人在管理中的主体作用，用系统论的方法综合了管理理论，并对当时组织面临的问题给予了回答。

（二）现代管理理论中的人本管理理论

1. 行为科学理论

X-Y理论美国的管理学教授道格拉斯·麦格雷戈（Douglas M. Mc Gregor）认为，传统管理模式中包含着两种截然不同的理论假设：X理论和Y理论。X理论指出人天生就是懒惰的，他们缺少进取心、缺少理智、经常以个人为中心、缺少抱负等，因此，管理者靠命令、惩罚来进行管理。传统管理就是加强对员工的管束，以惩罚为主要手段，这就是基于X理论假设。Y理论认为，大多数人天生热爱工作，愿意为社会和他人做贡献，人天生具有责任感、创造性和进取心，有自己的追求和抱负等，只要创造适当的条件，给予适当的激励，人们都愿意献身，组织目标和个人目标能够达成一致。

高校人本管理把Y理论作为支撑，改变了传统的强制、惩罚的管理方式，代之的是尊重人、激励人，提高师生的主体意识，自我约束、自我发展，同时以集体主义为原则要个人的发展与学校的发展统一起来，互相促动，整体发展。

美国的心理家亚伯拉罕·马斯洛（Abraham H. Maslow）认为人的需要按

其重要性和发生的先后次序排成五个层次，依次为生理上的需要，安全上的需要，情感和归属上的需要，地位和受人尊敬的需要，自我实现的需要。

需要层次理论把需要作为人们行为的原动力和个性的核心，马斯洛认为，人们一般按照这五个层次的递进关系来追求各项需要的满足，以此来解释人类行为的动机。学校人本管理就是利用这一需要层次理论而采取相应的策略，以满足广大师生员工的各种合理需求，理解和尊重他人的个性，激发师生员工的工作、学习的积极性和能动性。

激励—保健双因素理论由美国的学者弗雷德里克·赫茨伯格（Frederick Herzberg）提出，影响员工工作绩效的因素主要有两类：一类称为激励因素；另一类称为保健因素。激励因素的满足可以直接增加员工的满意程度，但缺少时却不一定引起强烈的不满；不具备保健因素将引起很多不满，但具备时不一定能调动员工的积极性。激励因素一般属于工作本身或工作内容的因素，如成就、上级赏识、工作本身、责任、进步等；保健因素则常常与工作的环境有关，比如，公司的政策和管理、制度工资、同事关系、工作条件等，随着组织的发展变化以及外部条件的改变，激励和保健因素的内容可能发生相应的变化。

根据这一理论学校人本管理在实际运作中要关注的激励因素，从工作本身出发，从师生员工自身出发，关心他们爱护他们，最大限度地调动师生员工的积极性，为学校人本管理创造必要的条件和环境。

2. 东方管理学理论

东方管理学派是自 20 世纪 70 年代以来东西方管理学融合与发展的产物。随着全球经济一体化的不断推进，东西方思想与文化也在碰撞中融合与发展，中国复旦大学的东方管理学派就是在这种背景下产生的。经过三四十年的摸索与实践，东方管理学致力于创新现代管理理论，提出了富含浓郁中国特色的管理学说。

东方管理学派认为，当今世界的主题是开放与融合，东西方管理文化的相互融合也成为这一领域理论和实践发展的重要趋势。复旦大学东方管理研究中心主任苏东水教授提出，中国古代思想中的"人为政本"以及合作共存、以和为贵等主旨都与西方现代管理理论的"人本主义"倾向是一致的，因此人本、人德、人为、人和管理文化的回归及人道哲学的融合是新趋势的必然走向。

东方管理学派提出，管理的核心价值就是"以人为本，以德为先，人为人人"，其中最为本质、核心和最有价值的精华所在即"人为人人"，并在此基础上形成了"人为学"，指出"人为"一种自我导向的个体心理行为，强调"主体人"心理行为的可塑性，"为人"则是一种他人导向的服务行为，是个体对外部对象的心理激励行为。在强调自身心理行为的可塑性的同时，客观上产生服务他人的效果。"人为为人"则强调个体心理行为与外部对象心理激励的互动性，"人为"与"为人"互相联系并且互相转化。

高校人本管理同样强调实施管理行为的个体首先要注重自我行为修养，所谓"正人必先正己"，继而从"为人"的角度出发来从事、控制和调整自身的行为，发挥主观能动性，努力营造良好的人际关系和激励环境，使师生员工能处于目标、行为和热情均被持久激发的状态下工作和学习。

## 第二节　高校传统管理存在的问题及原因分析

我国办大学的历史源远流长，但现代意义上的大学只有一百余年的历史，在实现高等教育现代化过程中，主要是模仿教育发达国家的大学办学经验和管理模式。目前，高校发展由仍是政府主导、行业主管部门控制，高校内部实行集权管理的管理方式。在我国高等教育发展的历史新阶段，要实现建设世界一流大学的目标，就必须改革我国的大学管理传统，创新大学的管理理念，建立现代大学制度，推进大学管理改革和高等教育的现代化。

### 一、国内高校传统管理的基本特点

我国高校的传统管理属于典型的"科层制管理"模式，高校中的行政权力具有明显的"科层制"特征。高校内部通常具有严格的部门分工和具体的规章制度，有明确的职权等级和固定职权行驶范围，工作过程要求个人服务于集体、局部服从于整体等①。从技术层面来看，这种分层次、逐级深入的管理模式，使各种管理要素有序排列、逐级分布，管理的精确性、制度化、准确度、专业性特征明显，对提高学校管理具有重要的作用。这种管理体制对于提高高校的管理效率曾经发挥过积极的作用。高校传统管理主要呈现以下显著特点。

（一）组织权力相对集中

在科层式组织结构中，权力沿着三角形的两边逐渐向顶部集中，构成一条垂直分叉如金字塔形态的权力线。层级中的人数与权力成反比，位于三角形顶端的少数高层管理者，掌握组织中的主要决策权力，即校长（书记）通过这一组织结构可以迅速使决策传达到各个层级，以保证工作效率。

（二）组织成员分工复杂明确

高校管理人员在工作上有专门的分工，中层和基层人员在组织中数量较大，承担的具体任务繁杂。高校组织内每一职位的业务范围、工作程序、行为标准以及学校系统内各科室的职责、科室与科室之间的关系都用规章的形式明确下来。以学校学生工作处为例，内部分为学生管理科、思想政治教育科、学生资助科、宿舍管理科等，不同的科室、不同的人员分工明确，各负其责，进而维持组织的正常运行。

（三）组织关系去人格化

科层式组织结构中，组织成员活动的根本依据是各种规章制度，而不是个人意志。科层式组织结构使组织成员去人格化，这样可以使每个成员按规章制度开展工作，最大限度地保证了组织活动的稳定性、可控性，从而提高成员的执行力和组织的运行效率。

## 二、国内高校传统管理模式存在的问题

传统的"科层式"管理在一定的历史条件下促进了高校的发展，但是由于科层式管理体制强调等级层次、权力集中、职能分工和对既定程序的严格遵守等，影响了组织运行速度和组织效率的提高，在新的历史条件下影响了

---

① 李海萍. 大学学术权力现状研究 [M]. 长沙：湖南师范大学出版社，2013：156.

高校的发展，已不能适应高校内涵式发展的需要，其存在的缺陷和局限性主要表现为：

（一）"科层制"管理影响组织的动态性、稳定性及人的主体性

"科层制"管理具有单向性的特点。是对学校组织而言，面对稳定的、可预测的、相对均一的环境，科层制管理师比较好的选择，在处理日常的、重复发生的事件上富有效率。但随着高校改革的不断深入和现代化进程的不断推进，人在高校管理体系中的作用越来越重要，人的互动作用、促进作用等因素越来越活跃，传统科层制管理在管理体制、运行机制以及对既有程序的严格遵守和对"人"忽略的制度规定等，越发显得僵化，使得高校管理效率低下，影响组织的动态性、稳定性及人的主体性。

（二）管理形式僵化，影响组织的运行速度

科层管理的重要特点之一就是层级结构复杂，管理体系网络化。学校决策及信息传递需要经过多个部门层层传达，速度缓慢，严重影响工作效率。同时，高校规章制度数量众多，内容庞杂，多数制度制定结束后就束之高阁，师生们对许多规章的内容不熟悉，但却被要求必须遵守；高校内部管理僵化，办事程序复杂，效率十分低下。

（三）组织成员角色关系没有理顺

高校传统的观念仍然主导着高校内部角色关系。教师始终在教学过程中处于中心，具有绝对的权威，在教学内容设计、课堂组织、教学安排等环节上较少考虑学生的实际情况和个体的差异。填鸭式教学非常普遍，学生的自主性和能动性得不到充分发挥，在课堂上完全处于从属地位，创造性思维得不到发挥，创造精神和创造力也无从培养。在教师和管理人员的关系上也存在着角色错位，教师往往处于从属地位，得不到应有的尊重。


### 三、国内高校传统管理存在的问题的原因分析

（一）过分强调等级层次、职能分工和对既定程序的遵守，造成管理效率低下

高校通常强调等级层次、职能分工和对既定程序的遵守等，影响组织的运行速度，尤其是当学校规模越大、层级越多时，其阻碍作用越明显。科层

式的管理还意味着协调的职能是上级通过垂直沟通的渠道来履行的。亦即，当各平行部门之间存在问题时，在上级获得充分的有关信息之前，决定是无法做出的。但是培养人的学校不同于制造标准件的工厂，其教育的情景是那样的复杂多变，且许多工作都是相互依赖的。如教育系培养学生可能要使用心理系的师资和体育系的场馆，这就需要许多横向的合作与协调，当学校组织十分庞大时，协调的速度也是非常缓慢的。

（二）"以人为本"理念淡化，导致师生与管理人员之间角色关系的错位

高校内部的人际关系包括师生关系，教师和管理人员关系、干部和群众关系、学生和管理人员关系等，各种关系在学校日常管理过程中有各自的地位和作用。教师和学生应该是教与学的关系，教师传授知识，学生学习知识。但随着目前国内高校对教师的要求和从教资格越来越严格，以及教师对职称的需求欲望越来越强烈，教师对科研的重视程度很高，教学往往得不到教师的重视，将教书、科研和育人分割开来，造成高校教师角色定位错位；而学生自身也存在着角色定位错位，很多学生上学就忙着参加各种名目繁多的校园活动，或者外出打工等，对学习却并不重视等；在管理过程中也同时存在着教师与行政管理人员角色关系的错位，教师与教师之间角色关系的错位等。这些角色定位错位其实都和传统管理只注重制度和工作内容，忽视了教师、学生甚至是管理人员的个性需求和发展相关联，以人为本理念淡化，造成管理和教学中对人格关爱和关注的缺少，形成高校各种人际关系中角色定位的错位。

（三）过分强调教师的主导作用，而忽略了培养学生的创造才能和个性发展

传统教学强调的是教师的主导作用，体现的是教师的课堂控制和学术权威，课堂教学无一例外均是教师单方面的活动，教学方式以传授为主，教学手段单，和学生基本没有互动。教师在教学准备过程中，只遵循教学大纲的要求或只按照教学计划简单实施，根本不考虑学生的基本情况和个性差异，师生之间缺少沟通，学生之间缺少互动，学生学习的积极性、主动性，学生的创造性、质疑精神无法充分激发出来，造成学生学习效果差，知识掌握不系统。

## 第三节　高校人本管理的主要特点及运行机制

传统的高校内部管理活动，为了提高管理效率制定了比较强调规范性的工作制度，却往往忽略了作为管理者和被管理者的人的主体作用。随着管理理论的发展和高校管理实践的推进，把传统的管理模式注入人文化的管理要素，构建出更为科学的人本管理模式成为必然。

### 一、高校人本管理模式设计

高校人本管理，是将以人为本的思想融合到管理中，突出人的思想、人的行为、人的信念、人的价值在管理中的作用，通过发挥人的积极作用，提升管理效率，实现管理创新的管理模式。人本管理有别于物本管理、资本管理、制度化管理的管理思想和管理实践模式，而是通过发挥人的积极因素，探寻"人"与人之"本"的深层逻辑关系，建立一种"人为"与"为人"相辅相成的柔性管理规约，实现管理效能的最大化。

高校人本管理模式的基本内涵是：在整个高校的复杂管理系统中，高度重视并始终把人当作系统中第一重要的要素。具体体现在领导与教师、员工建立顺畅、融洽、和谐的沟通关系，领导与教师、员工之间表面上看起来仍然是上级与下级、管理者与被管理者的关系，而实际上，由于互动、交流、沟通机制的建立，使领导和教师之间形成实质上的平等交往关系，从而实现了以人为本，关心人、尊重人、发展人、解放人、鼓舞人，促进人的全面发展和自由解放，进而激发人的潜能，推动学校管理水平提升。

### 二、高校人本管理的主要特点

（一）民主化、全员化管理

教师、学生是高校的主体，人本管理，就是以教师、学生为本，充分"尊重教师，善待学生"。通过民主化的人本管理带动全员参与。高校在管理目标的设定上以"是否有利于学校事业的发展、是否有利于教学、科研和学科建设、是否有利于教师和学生的根本利益"作为评判标准，把为教师服务，为学生服务作为管理的重要内容，使学生、教师、员工形成以校为家、校荣我荣的责任感和荣誉感。在具体管理层面，高校整体推进教学体制、科研管理体制、后勤管理体制、人事管理制度等全方位的改革，通过改革保障教师员工民主参与学校各项管理事务的权力，并激发教师员工参与学校管理的热情，为学校发展出主意、提建议，形成人人参与管理，学校发展为人人的民主化、全员化管理的局面。

（二）网络化、互动化管理

传统的"科层式"管理是上下级的直线式管理，这种管理虽然能够起到政令上传下达的作用，但是直线式管理的弊端也很明显，管理者主体和客体的关系被简单化，不利于管理者和被管理者的沟通互动，特别是在复杂的管理环境中，这种模式显得单一呆板。人本管理强调建立网络化、互动化的管理模式。不同管理主客体之间，建立丰富的网络沟通衔接，打破层级制的单项联系，形成立体交叉式互动联系模式。在这种模式中，管理者和被管理者可以通过多重联系网络进行充分的沟通交流，形成丰富的反馈互动，从而激发组织的活力，调动参与者的积极性和创造性，形成和谐愉悦组织氛围。

（三）人文化、合作化管理

人本管理强调以人为本，就是要在管理中尊重被管理者的个性特征和利益需求，尊重人的尊严、开发人的潜能。通过民主化的管理，使人文化在管理中得到彰显，通过网络化的管理，为参与者在管理中充分合作提供的载体和可能。人本管理强调把人文化管理和合作化管理有机统一，成为一体。人是社会性动物，人在任何一个社会组织中都离不开合作，人与人之间的合作恰恰是对人的尊重和关照。通过合作增强组织成员即高校师生的集体归属感、安全感和受尊重感，使组织成员自觉地将个人目标与学校发展目标进行统一，从而使个人和组织融为一个命运共同体，通过组织的发展实现个人人格的满足和价值的实现，同时通过个人的奋斗为组织发展提供源源不断的持久动力。

### 三、高校人本管理的运行机制

高校人本管理并不是简单地依靠人或者领导者的意志进行管理，并不是没有规则、没有秩序的随性化管理。相反，作为一种科学的管理模式，人文化管理有一整套符合组织特点、满足组织成员需求、关照组织成员个性发展、保证组织有效运行、促进组织成员活力释放、提升组织管理效能的运行机制①。

（一）动力机制

人本管理的核心是通过激发人的潜能和创造力，提升管理效能。因此，动力机制是实现人本管理的首要的运行机制。所谓动力机制，就是通过外力刺激，是被管理者即高校教师、员工、学生产生出强大前行动力。动力机制中的动力主要包括物质动力和精神动力两方面。物质动力和精神动力相辅相成、互为补充，缺一不可。在高校人本管理中，对于教师来讲，物质动力主要包括工资、奖金、晋升和福利待遇等；对于学生来讲主要涉及学校奖助学金、勤工助学岗位、食堂伙食价格、住宿条件等方面。

所谓精神动力就是指学校管理中对教师和学生进行非物质方面的奖励、激励等，如各种荣誉、表彰、组织认同、积极评价、宣传鼓励等。通常情况下，人的动机被激发的越强烈，为实现目标工作的状态就更积极。

（二）压力机制

压力机制是与动力机制相对应的人本管理运行机制，主要考量人性格中消极被动因素的负面作用，因此需要在运用动力机制的同时，配合使用压力机制，保证组织成员充分发挥主体能动作用。在压力机制中，主要包含竞争压力机制、目标责任机制和批评惩戒机制。竞争压力机制是通过工作效能评比，使组织成员产生竞争意识，实现优胜劣汰，提升整体效能；责任机制是通过设定工作目标，消除组织成员的工作懈怠情绪，确保实现组织利益最大化；批评惩戒机制是通过指出组织成员的缺失，促进教师、学生改进提高的机制。

（三）约束机制

高校人本管理也离不开制度规范和道德约束。相反，完善的制度体系，高尚的道德规范恰恰是更好地实现人本管理的有效手段。规章制度可以约束

---

① 杨春生，胡维定，吴丽萍．高等教育现代化的技术视点［M］．西安：陕西人民教育出版社，2007：291.

人的无序行为，在特别复杂的组织环境中，规章制度的重要作用更加突出。完备的规章制度可以在最大程度上的削弱个人意志造成的无序，保证组织目标的可控性。道德规范可以提升组织成员的个人品行和操守，有利于组织和谐和目标的实现。人本管理强调通过道德和制度约束，最终实现由外在的激励、约束、控制变成内在的自我管理、自我激励、自我监督和自我控制。

（四）选择机制

选择机制是体现高校人本管理的重要机制之一，它主要是保证组织成员的选择意志自由。在传统高校管理体制中，教师、学生的选择意志自由往往受到诸多约束，在人本管理模式中，要首先赋予教师、学生充分选择的自由权利。教师有选择事业发展的权利，有聘任、解聘辞职的权利，有发表意见、见解的权利，有选择接受和拒绝的权利；学生有选择课程、选择教师的权利，有参与学校活动与否的权利；等等。同样，学校或者学校管理者也同样具有对学校事务的选择权，这些都是选择机制决定的。

## 第四节　高校人本管理的实施策略

高校实施人本管理，并不是对传统"科层式"管理的全面否定，在现代高校的管理工作中，管理者应取长补短，既要继承"科层式"管理模式的优点，也要深刻认识其中存在的问题，也只有这样，高校人本管理才能真正发挥作用。

### 一、改革管理体制，完善运行机制，提高工作效率

（一）精简机构，提高效率

简化高校的组织机构和权力结构层次，提高工作效率是高校实现人本管理的前提。在工作中，高校应进一步精简组织机构，控制管理队伍数量，切实提高管理人员工作能力。同时，在管理工作的流程上，学校必须简化管理程序，减少管理环节，开辟绿色、便捷、顺畅的办公通道，为教师的教学活动提供便利。同时，在各项管理措施中突出服务职能，实行人文化、个性化

服务，更好的调动教师的积极性和创造性。

（二）改革管理体制，实现管理重心下移

高等学校的院（系）是一个由学科和事业单位组成的矩阵结构。在这个矩阵结构中，教学、科研人员处于双重权威之下，同时从属于一个学科和一个学校。院（系）是相近专业的集合体，是高等学校管理的基础，将管理的重心放在院（系），可以更多地发挥各基层的主动性，使之建立起自我调节的机制，加强协调和信息交流，能够更好地调动广大教学、科研人员的积极性和主动性，同时要进一步转变工作职能，在服务中体现人文关怀。高校管理者要转变观念，将服务意识体现实践管理的各个环节，以全方位关爱教师，全方面发展学生为学校管理宗旨，做好各项管理工作。

（三）理解依靠教师、满足教师的合理需求

理解依靠教师首先是关怀他们思想的进步，满足他们思想进步发展的精神需要；其次是在工作上关怀他们是否满意，有没有困难，并帮助解决实际问题，关注他们业务水平的提高，关心他们的事业前途发展，满足他们的继续受教育愿望，满足他们自我发展自我实现的需要；最后是在生活上关怀他们的衣食住行，关心他们的身心健康和内心情感，满足他们的生命生存和基本物质需要，形成"人人受重视，人人被尊重，人人有发展"的良好管理局面。让广大教师体会到在关爱中有自尊，在尊重中有归属，在发展中自我实现，真正地做到感情留人，事业留人，待遇留人。

（四）服务关爱学生，促进学生的全面发展

要树立新的学生观，强化素质教育促进学生全面发展。采取启发、鼓励、引导等方式尊重、理解、关心他们，以此去启发和教育学生，调动学生自我教育的主动性。要全方位关爱学生，关爱学生的全面发展，关爱学生的身心健康，关爱学生的个性发展，关爱学生的合理需求，学校管理要从学生身心发展实际出发，满足他们的合理需求。


## 二、加强职业道德建设，规范社会角色行为

职业道德是指人们在从事各种正当社会职业活动过程中，思想和行为应遵循的道德规范和准则。社会角色是指人们在社会特定团体中的身份和地位，

它是社会客观愿望和个体主观表现的统一体。在学校这个特定的社会实体中，管理者有管理者的职业道德，教师有教师的职业道德，学生有学生的角色规范。因此在学校人本管理中只有使管理者、教师和学生都能在各自的管理关系中，加强道德建设，规范角色行为，才能形成一种积极互动，运转协调的管理机制。

（一）加强学校管理者的职业道德建设

加强管理者班子的自身建设和职业道德建设是实现学校人本管理的重要方面。学校管理者应强调管理服务意识，管理育人意识，改变传统的"权威"意识，真正的解放思想，成为学生和教师发展的公仆。切实加强领导班子作风建设，为广大师生服务，塑造吃苦在前、享受在后，先人后己、率先垂范的风气。要加强理论学习、文化学习和业务学习，使学校管理者不但要有管理才能，更要具有一定的文化修养、先进的教育理论和深厚的政治理论基础，只有加强学校领导的职业道德建设，学校才有向心力、凝聚力、感召力。

（二）加强教师职业道德建设，为人师表

著名教育家夸美纽斯曾经这样说过："教师应该是道德卓越的优秀人物。"教师应该具有崇高的职业道德，才能保证自己履行崇高的社会职责。一般来说教师的职业道德包括爱国守法、敬业爱生、教书育人、严谨治学、服务社会、为人师表等。在人文高扬的新时期，对教师的职业道德提出了更高更新的要求，尤其强调教育职责、教育公正和教育良心三者的重要作用，用情与爱来对待学生，关心每一个学生的发展，关心每一个学生的每一个方面，公平公正地对待他们，代之以新的"引导、参与、协作"的师生观，来尊重学生、理解学生、关爱学生，逐渐代入新的社会角色，为人师表。

（三）引导学生参与管理，增强学生主体意识

素质教育要求大学生要树立主体意识，发挥主体作用，自我设计、自我发展，要求教师要尊重学生的人格，引导学生积极上进，解放学生个性，促进学生的全面发展和个性解放。学校人本管理正是适应这种社会背景的要求，尊重人、发展人、关爱人。作为学生自身就应该树立正确的世界观和价值观，增强明辨是非的能力，树立道德法纪意识，增强社会责任感和使命感。树立主体意识，增强时代感和紧迫感，为成为全面发展的人而奋发努力。把学生

当作正在成长的主体，在我们教师的引导、参与、尊重下，来帮助他们以适应新形势的发展而自我设计、自我发展，积极创新、发展个性。只有树立这种学生主体发展观，才能更好地实行学校人本管理，也才能真正地达到培养未来人才的要求。

### 三、促进用人机制人文化，制定激励措施，开发人力资源

在学校管理中，人既是管理者，又是被管理者，人是管理的主体，同时管理的目的也是促进人的全面发展。因此运用人文化措施开发人力资源，调动广大教职工的积极性，达到培养学生、发展学生，这是高校人本管理所要追求的根本目的。高校人本管理虽注重以人为中心的理念，但对工作效率的提高也必须有规范性很强的制度相配套。在人本管理的实践过程中，因为要突出"人"的中心地位，很容易造成在制度上又出现缺失，结果过犹不及，又形成了机制上的另一种不健全。从传统管理到人本管理每一个环节都需要相关的制度和措施不断变革，以配合其管理理念的贯彻实施。否则，难以达到人本管理本应取得的理想的效果。

（一）选人用人体现公正合理

学校管理要想取得实效，在运作的过程中必须以人为本，公平、公正、有机竞争，因此，在管理中必须做到：一是领导者要任人唯贤，公开竞聘；二是在晋职评优上要公开公正、有机竞争；三是对待每位师生员工要尊重他们的个性，发展他们的个性，充分体现个性发展和多劳多得的分配原则。只有公平公正地处理事情，才能建立合理的良性竞争机制，才能人尽其力、人各司职，才能增强学校的凝聚力，才能充分发挥人的潜力与创造性，有效地开发教师的人力资源。

（二）管理制度体现人文关怀

在学校人本管理中，管理制度具有激励性、发展性、引导性，即管理制度文化性。在管理制度的表述上要更多地体现人文化，在管理制度的内容上，要更多地体现发展性，成为引导帮助师生发展的指导和保障，并具激励性，激励广大师生奋发向前，在管理制度的制定上要更多地体现现代性，也就是根据当前的管理理念和手段制定出具有时代特点的学校规章制度，具有十分

丰富的文化性，在管理制度的实施上要更多地体现全面性和平等性。高校人本管理要体现管理的文化价值，追求人的文化价值，把管理变成一种服务，把管理变成一种文化，把管理变成一种关爱，把管理变成一种激励。

### 四、营造和谐人际关系，培养人文素质

人本管理，需要浓郁的人文环境，人本管理，也要把人培养成为具有人文素质的人。因此，加强人文环境的建设，使师生工作、生活、学习在充满关爱，充满人文培养的氛围中，使人本管理过程变成人文熏陶过程，使其更具有道德性，让师生在潜移默化中得到素质的培养与熏陶，学校人本管理应该具有和谐性、自主性和文化性①。

（一）加强民主参与，营造民主管理氛围

学校人本管理，在管理体制上实行民主集中制，让广大教师、学生参与到学校管理中来，在参与中增强责任感、成就感、尊重感、归属感。在管理机制上要实现多极主体互动、沟通网络立体交叉，保证管理与反馈管理顺利畅通，在管理制度上要以人为本，加强管理，科学规范，同时要体现出对人的关心和尊重。在管理形式上要实行职工代表大会或教师委员会制，实行集体领导，保证广大教职工的广泛参与。只有这样才能营造出民主管理的氛围，让广大师生员工真正生活在浓郁的人文环境中，并受到陶冶与熏陶，内化为人文素质，从而实现从无"人"管理到"人人"管理的管理局面。

（二）建立和谐的人际关系

人是社会的，不可能独立于社会而存在，不可能不同他人发生关系。人际关系是人们为了满足某种需要通过交往形成的彼此之间的比较稳定的心理关系。学校人际关系包括教师（领导）之间、师生之间、学生之间等三个方面，因此要处理好干群关系、教师内部之间的关系和师生关系。在学校的人本管理要做到：一是领导要尊重教师，教师要支持领导工作，实现"双向"互动；二是教师之间要互相尊重、互相关心，形成统一的合力，来齐抓共管共育学生，实现立体交叉；三是教师与学生之间要建立一种平等、尊重、伙

---

① 郑承志.管理学基础［M］.合肥：中国科学技术大学出版社，2020：40.

伴合作等新型的师生关系；四要形成一种领导、教师、学生主体间的立体互动关系，沟通交流、反馈信息，实现多主体互动，使管理运行和谐畅通。

（三）加强校园文化建设，激发师生能动性

校园文化建设不仅包括师生文体活动的开展，校园环境的建设，也包括校风、学风的建设，各项规章制度的建设等多方面，加强校园文化建设有利于丰富学校管理的文化价值内涵。在学校人本管理中，校园文化建设要求人作为管理中最宝贵的资源，要通过校园文化的象征和暗示作用，用学校共同的价值观规范和引导人们的行为，通过培育并倡导共同的价值观和行为准则，增强全体师生员工的向心力和凝聚力，实现学校的社会价值，进而激发人的主动性、积极性和创造性。对于学校人本管理的校园文化建设来讲，学校的校风及学风不但要蕴含着极为丰富的文化价值，而且在制度建设上更要体现人文内涵，成为促进师生员工全面发展的动力，从而形成尊重人、理解人，关心人、培养人的人文精神，形成自我管理、自我约束、自我向上的自律精神，追求真理、崇尚科学、奋发向上的研学精神，开拓改革、勇于进取的创新精神。

## 五、建立激励机制，激发师生员工的主动性、创造性

在人本管理理论中，激励是指管理者通过自己有意识的活动，对被管理者施加影响，从而激发他们的主动性、积极性、创造性，达到预期工作目标的管理方法。建立动力机制，激发拼搏进取的精神。高校管理者要善于运用动力机制激发教师的成就动机，在满足教师需求和个性发展的同时激发教师努力工作的内驱力；运用目标激励，将师生的个人目标与集体的任务目标结合起来；强化理论，激发增强活力强化激励是强调人的行为结果对其行为的反作用，也叫"点头式"激励。高校在实施人本管理的过程中，通过肯定和奖励，奖赏与晋升，培训与学习等方式，鼓励和促进教师增强对学校的归属感和对事业的责任感。除了上述方式的激励外还有参与式激励、情感激励、机会性激励等，都能最大限度地激发师生员工的主动性和创造性，实现学校和个体的和谐发展。

# 第七章

# 高校人才培养的全面质量管理方法

## 第一节　专门教育和一般教育有机结合

教育作为一种社会现象，是人类特有的传递经验的活动，它最终目的是开发人的潜能，使人类实现全面而自由的发展。大学教育包含多种学科，有着明确的专业划分，由于不间断地强化，其中的专业理念已经延伸到各个方面。科学教育体制是一把双刃剑，它虽然可以培养出不计其数的社会栋梁，却导致了教育失衡现象的普遍存在，并严重阻碍了我国社会的健康发展。如今，专门教育的发展已成为必然趋势，这种趋势在给人类带来危机的同时，也带来了时效和便捷。眼下的关键是坚持不懈地拓宽人类的智慧空间，化挑战为机遇，不断发展大众教育，将专门教育和大众教育较好地融合在一起，以达到培养人才的最佳效果。

现代社会是一个正处于转型期的、多样化的社会，人与人之间存在着不同的差异。尤尔根·哈贝马斯（Jürgen Habermas）认为，通识教育是一种关注人类交往资源培养的教育行为，也有学者将它翻译为"通才教育""普通教育""一般教育"等。现代一般教育的基本目标是在丰富多彩的社会生活中，为受教育者提供适用于不同人群的知识和价值观。随着经济全球化步伐的加快，东西方文明之间的交流增多，人与人的交往在精神以及价值层面都有了一定的共通性。一般教育通过交往自愿培养的途径来实现人类社会的基本价值，囊括了人与人、人与社会、人与自然的关系。一般教育注重人的主动性和全面发展，协调各类教育关系。因而，一般教育在培养人才的过程中占据着重要的地位。一般教育的目的主要是对学生进行共同课程的教授，使学生具有一定的能力。通过有效的思考、恰当的沟通、准确的判断，区分不同价值。一般教育即发挥人的主动性并与现实环境建立相关关系的教育，诚如赫伯特·斯宾塞（Herbert Spencer）所言的"为未来完美生活做准备"。这样的一般教育必然能够启迪心智，唤醒沉睡的心灵。

## 一、专业教育

专业教育有着广义和狭义两种不同的含义。广义的专业教育概念与高等教育很相近，但它与中小学所实施的一般教育不同，它也包含一些"专业"之外的教育。狭义的专门教育专指培养专业人才的教育，它是为学生学习某些领域的知识与技能做准备的高等教育。它通过系统讲授学科的专门知识，从而有目的地培养拥有某些特殊技能和知识的人才。顾明远在《教育大辞典》中对其有着如下定义："专业教育是根据社会职业分工、学科分类、文化科学技术发展状况及经济建设与社会发展需要划分各个学科和专业，高等学校据此制定专业培养目标、专业教育计划和组建专业课程体系，为国家培养、输送所需的各种专门人才，学生亦按学科和专业的分割来进行学习，形成自己在某一专门领域的专长，为未来的职业活动做准备。"专门教育主要是用于为学生以后所从事的职业打基础，它通常通过分科教学得以实现。伴随着工业社会的出现，教育逐渐担负起越来越重要的职责，专门教育日益演化为高等教育的显要特征。因而，我们可以将高等教育定义为："培养完成完全中等教育后的人，使他们成为具有高深知识的专门化的人才的活动。"在《现代汉语词典》中，"专业"是指高等学校的一个系里或中等专业学校里，根据学科分工或生产部门的分工把学业分成的门类。专业是学科的前提，而学科则是相关专业的组合体。这些组合体的构成离不开各科教师群体。因此，教师就成为学科和专业的桥梁。现代的大学有着重要的任务，这种任务要求高等教育要以职业为重要内容。中国的高等教育可谓是历史悠久，从 20 世纪 50 年代开始，我国就从苏联高等教育的模式上吸取经验，形成了自己的高等教育模式①。

## 二、专门教育与一般教育的有机结合

如今，高等教育大众化已成为不可避免的趋势，为了满足大众的需求，就迫切需要重新分配和整合现有的教育资源。现有的高等教育体系一直都是以专门教育为中心，而新中国成立以来国家的发展和壮大需要大量的专门人才，这导致了大学中的专业教育受到重视，而一般教育却被长久遗忘。从长期来看，我国经济的发展不仅需要关注社会道德和利益，还需要关注人文素养和情怀对社会发展的重大意义。邓小平同志就曾经提出过"两手抓，两手都要硬"的观点，如果只注重经济的快速发展，忽视了精神发展，反过来也不会利于社会和经济的发展。如此，受教育者有权利享受到全面的教育，也可以享受到人文教育、专业教育以及人文关怀。但一般教育与专门教育不是绝对对立的，它们都为人的全面发展服务，只是侧重点有所不同，二者是相互促进的。一般教育关注学生的全面发展，关注的是学生基础知识和能力的获得以及身心的共同发展，利于学生专业知识的学习和持续发展。而专门教育在教授专业知识和专业技能时，既关注学生批判与创新思维的形成与实践能力的提升，也关注学生的全面发展。因此，一般教育与专业教育是相互联系的，二者不是对立的。它们的融合指的是打破学科和专业壁垒，在本学科领域中构建跨学科的一般教育体系，为学生提供一系列的精品课程，让受教育者拓宽视野，接触不同的学科领域，夯实基础。它们融合的目的是培养境界开阔、知识丰富、反应敏捷、情感真实的全面发展的人才，这充分说明了一般教育与专门教育融合的必要性。

设置一般教育课程的基本思想是通过二者的融合，实现知识经济时代大学教育的整体目标。凭借现代教育理念与和谐教育理念，完成有助于个人发展的课程设计，并通过多样化的教学形式，为受教育者打造自主发展、自主选择的良好学习环境。在一般教育课程中，始终贯穿着培育完整人格、坚强

---

① 赵红，詹晖，田佳. 经济环境与高校人才建设培养研究［M］. 长春：吉林大学出版社，2020：105.

毅力、高尚道德情操的人文精神，这也是一般教育的核心理念。一般教育大体可以分为三个部分：第一部分人文精神的培养阶段，这一阶段着眼于开设人文教育和社会科学课程，从而培养学生对其他不同学科的广泛兴趣。一般教育关注更多的是处于人文学科前沿以及同现实世界息息相关的问题，并适当把握学科专业的标准，激发受教育者的自主性。一般教育同时也是提升大学生人文修养的有效途径。第二部分是自觉设置跨学科和专业的课程，把影响力较大的课题作为一般课程的主要内容，以此作为切入点寻求专业教育所带来的启发。第三部分是对于一些高年级的学生来说，也可以整合多个学科专业、题目和领域，对其进行研究，研究对象既可以是现有学科专业的知识资源、现有的教育资源，也可以是现有的师资与学生资源。

## 第二节　传统教育方法与现代教育方式相互融合

知识经济时代，各学科和专业相互融合、相互渗透、相互影响，形成了一批新型的交叉学科群，这就要求高等教育要注重培养跨学科研究能力的 T 字形人才，这样，素质教育被提上了重要议事日程。1994 年，国家倡导注重素质教育、注重创新能力的培养、注重个性发展，将素质教育的思想注入高等教育。随后，国家提出加强受教育者的文化素质教育，指出文化素质教育的内容包含艺术的基本素养、文史哲基本常识、我国和世界的优秀文化成果。对文科生要进行自然科学的教育，在专业教育工作中要融入文化素质教育，强调实践性，把传授知识、能力的培养与提高素质三者合为一体。之后，文化素质教育进入了快速发展的阶段。

近些年，我国高等学校文化素质教育改革工作进入发展的新阶段，人们逐渐认识到，人才培养的核心在于人才素养的提高。我们务必要加强高校文化素质教育，进一步将工作落实到"三结合"上面，即人文教育与科学教育相结合，文化素质教育与思想政治教育相结合，文化素质教育与教师文化素养的提升相结合。

## 一、人文教育与科学教育相结合

素质教育作为一种较为先进的教育理念，应该将人文教育和科学教育结合起来。培养高素质的人才，正是要将人文素养与科学素养的培养有机地结合在一起。我国的高等教育存在着专业面狭窄、人文教育薄弱的现状，要全面进行素质教育，有必要将人文教育与科学教育相结合。

## 二、文化素质教育与思想政治教育相结合

在《关于进一步加强和改进大学生思想政治教育的意见》中有明确指出："以大学生全面发展为目标，深入进行素质教育。加强民主法制教育，增强遵纪守法观念。加强人文素养和科学精神教育，加强集体主义和团结合作精神教育，促进大学生思想道德素质、科学文化素质和健康素质协调发展，引导大学生思想道德素质、科学文化素质和健康素质协调发展，引导大学生勤于学习、善于创造、甘于奉献，成为有理想、有道德、有文化、有纪律的社会主义新人。"由此可见，文化素质教育和思想政治教育是不可分割的。人才素质是指人们在先天生理的基础上，经过后天学习和社会实践形成的基本稳定的生理特点和思想行为以及潜在能力的总称。它主要分为文化素质、思想道德素质、业务素质和身心素质四个部分，而思想道德素质是文化素质的基础，是根本。江泽民同志在第三次全国教育大会上曾说过："对干部、群众和学生必须认真进行中国历史、地理、文学知识和政治知识的教育，没有这些知识的武装，人们的爱国主义、集体主义、社会主义思想是难以确立起来的。""要说素质，思想政治素质是最重要的素质。不断增强学生和群众的爱国主义、集体主义、社会主义思想，是素质教育的灵魂。"这些都印证了思想政治教育的重要性。

## 三、文化素质教育与教师文化素养的提升相结合

教师在学校人才培养的过程中占据着重要的地位，教师文化素养的提升是全面推进素质教育与文化素质教育的一部分。一所学校文化素质教育工作也离不开教师对素质教育理念的掌握。我国高校师资队伍原本就存在着一些

缺陷：高中阶段的文理分科，导致人才思维方式的禁锢，综合素质偏低；高等学校里学科的设置较为单一、专业范围有限，进而影响到几代受教育者的思维方式与知识结构组成；重理轻文的现象导致教师们在教学工作中将人文教育与科学教育分割开来。因此，提升教师队伍的文化素养是加强素质教育的重要保障。《关于进一步加强和改进大学生思想政治教育的意见》中提出："所有教师都负有育人职责。广大教师要以高度负责的态度，率先垂范、言传身教，以良好的思想、道德、品质和人格给大学生以潜移默化的影响。"这是对教师育人作用的极大肯定。达成这样的愿望，要将文化素质教育与提高教师文化素养有机结合起来。从现实出发，学校就要把素质教育的推行与教师素质的培养融合在一起，统筹规划，整体实施，同时将继续教育融入学校的素质教育中。从教师这方面说，要将教书育人的职责与自我提升结合起来，将理论付诸实践，不断对素质教育理论进行研究，更新自我素质教育的理念，在教育工作中逐渐贯通素质教育的思想。

### 四、不能忽视文化素质教育的基础作用

素质教育是指一种以提高受教育者诸方面素质为目标的教育模式，它重视人的思想道德素质、能力培养、个性发展、身体健康和心理健康教育。对于个人来说，没有文化素质做基础，他的思想政治素质就没有了支撑。而对于高等学校人才培养的工作来说，如果只是对学生灌输思想政治理念，也不能发挥其应有的作用。与此类似，如果没有思想政治教育，文化素质教育也就失去了方向。进行文化素质教育并不是用其替代思想政治教育，而应将它作为提高思想政治素养的基础。事实证明，做好文化素质教育工作，就能使思想政治教育更为贴近生活和现实。值得注意的是，素质教育工作的推行也不能偏离正确的政治方向与价值取向。

## 第三节 人文与科学教育并重

党的十七大报告第一次提出"加强和改进思想政治工作，注重人文关怀

和心理疏导"。人文关怀和心理疏导这两个新名词透露了党的"思想政治工作的新变化"。我们一般认为人文关怀源于西方的人文主义传统，其核心在于肯定人的价值，要求人的个性解放和自由平等，关怀人的精神生活，尊重人的理性思考等。

### 一、注重人文关怀培养人文精神

在思想政治工作的视野中，人文关怀指的是尊重人的主体地位和个性差异，关心丰富多样的个体需求，激发人的主动性、积极性、创造性，促进人的自由全面发展。

具体来说，人文关怀包括层层递进的几层含义：

（一）承认人不仅是作为一种物质生命而存在，更是作为一种精神、文化而存在。

（二）承认人无论是在推动社会发展还是实现自身发展方面都居于核心地位或支配地位。

（三）承认人的价值，追求人的社会价值和个体价值的统一、作为手段和目的的统一。

（四）尊重人的主体性。人不仅是物质生活的主体，也是政治生活、精神生活乃至整个社会生活的主体，因而，也是改善人的生活、提高人的生活品质的主体。

（五）关心人的多方面、多层次的需要。不仅要关心物质层面的需要，更关心人精神文化层面的需要；不仅创造条件满足人的生存需要、享受需要，更要着力于人的自我发展、自我完善需要的满足。

（六）促进人的自由全面发展。人的全面发展应当是自由、积极、主动的发展，而不是由外力强制的发展；是各方面素质都得到较好的发展或达到一定水平的发展；是在承认人的差异性、特殊性基础上的全面发展，是与个性发展相辅相成的全面发展。

人文关怀将人的发展作为社会发展的终极目标，关注、肯定人自身的价值，突出人对自身的精神关怀，强调对人类文明及社会发展的贡献。《共产党宣言》中提出："代替那存在着阶级和阶级对立的资产阶级旧社会的，将是这样一个联合体，在那里，每个人的自由发展是一切人的自由发展的条件。"马克思和恩格斯所关注的正是博大的人文关怀。

## 二、培养人文精神

在大学教育中更要注重人文关怀，关注每一位学生的情况，发掘适合每一个学生的教育方式，关注每一位学生的生活质量，重点培养学生的人文精神，启发学生用积极进取的精神吸取人类文明的精华。在这样的条件下，学生能更好地体会到人类生活的美好，能对人类的生活有着客观的评价，能自觉对人类命运进行思考。大学教育更为注重人文关怀，不仅关注每一位学生，也关注学生与周围人的关系。大学教育注重人文关怀的本质是关注人，这是学校教育工作所追求的最高境界。

爱因斯坦曾说："我们切莫忘记，仅凭知识和技巧，并不能给人类的生活带来幸福和尊严。"人类完全有理由把高尚的道德标准和价值观置于客观真理的发现者之上。不可忽视的是，科学技术的发展确实使物质生产快速增长，使人们的生活方式发生了根本性变化。但经济发展水平的快速提高也带来了弊端，给人们的价值观念、思想意识以及人文精神带来了一定的影响。对人文精神的忽视，造成了人与自然的异化。人们经不住利益的诱惑，肆意破坏大自然，不能从长远考虑，意识不到自然环境对人类发展的重大意义。现如今，世界各国综合国力的竞争，已不仅体现在经济发展水平和科学技术上，更体现在文化的竞争上。文化软实力的地位和作用更加突出，各种思想和文化相互激荡，围绕增强国际话语权的较量更加激烈。文化越来越成为民族凝聚力和创造力的重要源泉，越来越成为综合国力竞争的重要因素。随着世界多极化、经济全球化和国际社会信息化趋势的深入发展，以及科学技术的突飞猛进，文化与经济、政治交融程度的不断加深，经济的文化含量越来越高，文化的经济功能越来越强。谁占据了文化发展的制高点，谁拥有了强大的文化软实力，谁就能够更好地在激烈的国际竞争中掌握主动权。

## 三、注重以人为本体现人文关怀

现代教育要以人为本，体现人文关怀。不单单要注重人格的实现与回归，要将大学生看作有思想、有丰富情感的人，明确大学生是具有自主性、能动性的人，是具有发展潜能的人，能够尽力发挥教育的作用①。中国科学院院士杨叔子就曾指出："大学的主旋律是'育人'，而非'制器'，是培养高级人才，而非制造高档器材。人是有思想、有感情、有个性、有精神世界的，何况是高级人才……我们的教育失去了人，忘记人有思想、有感情、有个性、有精神世界，就失去了一切。其实我们的一切工作都是如此，都是以人为出发点，以人为归宿点，以人贯穿于各方面及其始终，何况是直接培养人的教育？"由此可见高等教育对人文关怀的重视程度。

### 四、注重人文精神和科学素养培养相结合

科学是指对发现、积累并公认的普遍真理或普遍定理的运用，是已系统化和公式化了的知识。科学包含自然、社会、思维等领域，如物理学、生物学和社会学。1888年，达尔文曾给科学下过一个定义，达尔文的定义指出了科学的内涵，即事实与规律。科学要发现人所未知的事实，并以此为依据，实事求是，而不是脱离现实的纯思维的空想。科学是建立在实践基础上，经过实践检验和严密逻辑论证的，关于客观世界各种事物的本质及运动规律的知识体系。科学的特性是不断追求进步。在现实生活中，科学的内涵越来越宽泛，不仅包含已经获得的知识，而且成为一个日渐广义的概念。广义科学是建立在比传统科学更广泛的定义空间的科学体系，是将传统的实验科学的外延从三维空间拓展到N维空间的理论体系，它包括一切应用科学和技术知识的源泉。在广义的内涵下，科学研究与人类自身的命运、社会治理更紧密地连接在了一起。在自然科学逐渐占据主导地位的今天，人类不管从事什么职业，都应同时具备人文和自然科学方面的知识。因此，培养全面发展的大学生，就要促使人文关怀与科学教育的有机融合。在现代教育中，科学与人文结合的根本在于高校教育模式的改变，也就是说，使文科生增强对科学技术的理解，拥有双重智慧，使理科生加强对人文学科的学习。

在对人文教育和科学教育进行融合的过程中，西方国家高校给我们带来

---

① 刘珂珂，徐恪东．中国地方本科大学文化育人研究 [M]．北京：中国经济出版社，2018：168．

了诸多启示。美国的欧内斯特·L. 博耶（Ernest L. Boyer）指出，应用与人文教育在生活中是密不可分的，因而能够结合在一起。这类结合也应该渗入大学课程中，大学生在学习人文课程的同时，也应涉猎相关的自然科学知识。美国政府十分重视人文教育，曾出台了关于高等教育改革的计划。许多大学也都开设了人文学科课程，如普林斯顿大学、麻省理工学院、哈佛大学等。哈佛大学的校训为："以柏拉图为友，以亚里士多德为友，更要以真理为友。"事实上，在哈佛大学的本科课程中，人文学科占有很大的比重，尤其是文学与语言课程。

## 第四节　创新思维和创新精神培养

创新是指在现有思维模式的基础上提出有别于常规或常人思路的见解，利用现有的知识和物质，在特定的环境中，本着理想化需要或为满足社会需求，而改进或创造新的事物、方法、元素、路径、环境，并能获得一定有益效果的行为。培养大学生创新能力与思维，就要求学生能够系统的学习专业知识，进行一定的专业训练，掌握相关的理论、知识与方法。经过学习和社会实践，使大学生养成独立思考的习惯，找出现有知识和技术的不完善之处，不断提出新问题。高校培养创新人才要转变以往的教育思想，如以学科为中心、以智力教育为中心、以继承为中心等。在教学实践中，重点培养学生积极思考、大胆质疑的创新思维方法，激发大学生的学习兴趣，培养其科学批判精神和创新意识。

### 一、创新型人才培养模式的转变

创新型人才是指富于开拓性，具有创造能力，能开创新局面，对社会发展做出创造性贡献的人才。通常表现出灵活、开放、好奇的个性，具有精力充沛、坚持不懈、注意力集中、想象力丰富以及富于冒险精神等特征。他们本身具备创造性思维和相应的能力，善于独立自主地发现和解决问题，并发表新颖的观点。随着我国经济的发展，创新型人才的地位越来越重要。这既是建设创新型国家的前提，也是各大高校所要面临的问题。应试教育认为知识多就是能力强，教育一直追求的也是向学生传授更多的书本知识。然而，知识并不是最关键的，创新能力需要的是兴趣、想象力与观察力。从这个意义上说，知识的多少并不能说明能力的强弱。

目前，高校要集中精力进行创新人才的培养，就必须转变教育模式和教育方法。首先，转变以知识传授为中心的传统教育模式，注重培养以创新精神为核心的教育理念。当然，知识的传授是培养创新人才的基础，没有知识创新就成了无源之水。但在传统的教育体系中，有一些课程已经不再新颖甚至有些陈旧，评估标准以及考试制度也一味强调学生对知识的接受，某种程度上扼杀了大学生的独立性。这种观念严重影响了大学生独立思考的精神和能力，只是将学生视为接受知识的机器。所谓的创新型教育，是指立足于鼓励学生大胆质疑，对以往的知识能够提出自己的见解，真正做到与时俱进。在进行创新型教育时，应提倡启发式教学、互助式教学，师生共同参与到课堂中来，一起探讨，发挥学生的特长，激发学生们的兴趣。其次，要转变以往的教育理念，树立各方面协调发展的教育理念。创新固然离不开智力的发展，但也离不开一个人主观能动性的发挥。创新的过程需要不断的追求与探索，还需要源源不断的动力。爱国的情感、责任心和事业心，都可以成为创新人才的动力。爱因斯坦认为有三种典型的科学家类别，分别是功利型、爱好型和信念型。功利型科学家通常是为了追求名利而进行研究，不会在科学研究的道路上走得太远。由于个人喜好而加入科学研究行列的人通常能够取得较大的成绩，唯有第三种人最富有开拓创新的精神，也能够在科学研究中取得巨大的成就。最后，尤其要注重实践，在科研创新的实践中磨炼自己。大学生要自觉进行实践活动，这里的实践既包括社会生产实践，也包括教学科研实践。实践的基本形式有生产实践、处理社会关系的实践和科学实验。它在人才创新培养中有着不可忽视的作用。

著名科学家钱学森认为，现在中国的教育之所以发展缓慢，原因之一就是缺少能够培养创新型人才的大学。缺少独创性的知识，因此造成创新型人才的匮乏。这就触及高校培养人才的教育模式，现代教育方式的变革应以培养创新型人才为核心，集中精力培养大学生的实践能力和创新能力。

## 二、创新人才培养模式的构建

建设创新型国家需要培养大量的创新型人才。建立创新型人才培养模式，应从以下六方面入手：第一，以人为本，落实党的方针和政策，全面推行素质教育。创新型人才培养模式的核心就是要培养全面发展的人才。正如马克思所说："实现每个人自由而全面的发展。"第二，要尊重学生成长和发展的客观规律。创新型人才培养模式尊重学生成长规律，是学校发展的必然选择。在尊重学生身心发展的客观规律的基础上，高校教育必须充分考虑人的主观能动性：既要把学生看成教育活动的客体，更要把学生看成教育活动的主体；既要发挥教育的主导作用，又要尊重受教育者的主观能动性①。在此过程中，教师要提升自身的创新能力，让创新体现在整个教育工作中。第四，将理论与实践结合，培养大学生的动手能力。大学生要敢于走出校园，在社会中磨炼自己，并善于运用所学的理论知识接受实践的洗礼，让理论更好地服务于实践。第五，创建有利于人才成长的学校环境。各高校应鼓励学生进行创新，并为学生自主创新创造条件、提供平台，激励他们在尝试中体会成功和失败。第六，联系实际，紧跟经济和社会发展的步伐。培养创新型人才既要了解经济发展的现状，也要能准确预测经济和社会发展的趋势。创新型人才的培养要与创新型国家的建设、全面建成小康社会的需求紧密结合起来，也要与知识经济与科技发展的速度，与不断更新的政治、经济与文化联系起来，在变与不变中逐渐前进。

---

①　彭泽春．高校创新型人才培养模式研究与实践［M］．长春：吉林文史出版社，2021：39.

# 第八章

# 契约理论下高校教学管理模式改进研究

## 第一节 契约理论的兴起及其在高教管理中的运用

契约理论最早源于法律和经济学科，目前随着社会的发展，契约理论已经超出了法学和经济学而蔓延到社会中的各个不同领域，如经济、政治、社会领域中，发展成一种规则，并广泛应用于实践。管理是当今社会发展的重要条件，管理的核心是人，代表平等、相互、自由、主体、互惠、自律的契约理念在管理的过程中凸显出来，吸引了人们的目光。契约理念概括为价值理性和工具理性。价值理性中体现出了自由平等的意识，也就是人本主义思想。工具理性中体现了公平、互惠、民主自律的意识，目前把它应用到高等教育领域，作为分析高校教学管理行政化的一个新的视角，已成为必然的趋势。

### 一、契约理论的兴起及其发展

#### （一）契约理论的产生和发展

契约理论的产生最早可以追溯到古希腊哲人伊壁鸠鲁（Epicurus），他在其残篇中写道："公正没有独立的存在，而是由相互约定而来，在任何地点，任何时间，只要有一个防范彼此伤害的相互约定，公正就成立了。"① 他认为

---

① 北京大学哲学系外国哲学史教研室. 古希腊罗马哲学［M］. 北京：商务印书馆，1982.

正是因为人与人之间的平等性和独立性保证了契约的达成。在近代，洛克和卢梭进一步发展了这种自由、平等的基本精神，丰富了社会契约理论①。

在1804年实施的《法国民法典》里规定说，"契约，为一人或数人对另一人或数人承担给付某物、做或不做某事的合意"，学者刘伟在研究契约理论的基本问题时发现，契约理论思想在古希腊时期开始萌芽，但是近代以前的契约理论知识只是一种猜测，无法形成完整的理论体系；从萌芽到十七八世纪发展到辉煌时期，从19世纪开始没落到20世纪复兴，这期间学者按其历史发展进程将分为古典社会契约理论和现代社会契约理论。直到1937年，罗纳德·哈里·科斯（Ronald H. Coase）发表的《企业的本质》，正式提出了契约理论。近30多年来契约理论的发展广泛运用经济学研究领域，对经济学家来说，契约就是一种协议，也就是双方根据自己的行为达成的承诺，主要是在商品经济里演变出来的一种办事程序和处理方法，后来逐渐成为人们的一种行为模式、价值取向，以至于成为一种理念。

从科斯开始，契约理论的研究取得了很大进步。契约理论的两个分支分别解释了不同领域的契约问题，不存在优劣和相互代替的问题。Williamson在1991年指出，虽然不同的契约存在显著区别，但是正好能够相互补充。直到2006年，学者杨瑞龙等人提出，契约理论的各个分支已经在某些领域开始融合，这是契约理论发展的趋势。

（二）契约理论的内涵

2004年，季金华在研究近代西方的契约理论时提出，契约理论包含深刻的社会、政治、经济基础，它以平等自由、权力至上的观念为主要支撑，以法治化的市民社会为社会基础，以民主政治为政治基础，以市场经济为经济基础。

首先，人的意志自由，是契约理论的基础，而意志自由的前提是主体的平等。理性是自由意志原则的主要支撑，在契约关系形成中发挥巨大的作用。契约理论体现公正、理性，特别是在组织管理过程中更有优势，它是构建组织秩序的一种科学方式，在管理中运用时，让组织秩序更能有序发展，具有

---

① 何勤华. 西方法学史纲［M］. 北京：商务印书馆，2016：353.

专业性。何怀宏说，"契约概念本身的出现及功利契约论的发展，有关'自然'和'约定'的讨论，苏格拉底隐含的人与国家的契约精神中对于道德和理性的推崇，以及柏拉图、亚里士多德对政治社会的正义原则的探讨，都为后来契约思想的成长提供了源泉。"①

其次，在商品经济中当事人是平等的关系，因为商品天生平等，这为近代契约理论提供了实证。"在商品交换关系中，被交换的商品的自然特性以及交换者的特殊的自然需要，这一自然差别形成了市场主体彼此平等关系的客观基础。"契约理论要求自由、平等，对整个工作程序的开展都有责任，谁都不能不承担义务而只享有权利。肯定契约过程中的人的价值和地位，也就是满足其需要，给予其适当的自由空间。人是核心，当人们受到重视和肯定时，才会尽最大力量为达成目标而努力，发挥其能力的作用。杨解君说过，"契约自由原则之所以被称为近代西方契约法的核心，其根本原因在于它和西方社会所崇尚的个人自由主义思想是一脉相承的。因为，契约自由原则的核心是个人意志的自由，在此原则之下，作为法律主体的个人意志能够得到自由的伸展，而这种个人意志的自由伸展恰恰反映了当时社会人们在政治、经济和思想领域的要求。"②

再次，民主政治为契约理论提供了政治基础，减少了权力的负面影响，为近代契约理论所要求的自由、平等提供了制度保障。在民主的基础上，"法律既控制着权力，同时又表述着权力，这就像一道工序的两个方面"。

最后，契约理论是以法治化的市民社会为社会基础的，契约的本质要求当事人的意思自治，当事人自己为自己设立权利和义务，它不像身份社会那样依靠出身继承而不需要任何努力就可获得特权，它必须依靠当事人的自身努力，通过自由竞争，以契约形式达到自己的目标。同时，契约理论体现相互性，契约的责任理念还包含着义务和责任的一致性。这种一致性，既表现为义务主体和责任主体的一致，又表现为义务范围与责任范围的一致。契约

---

① 何怀宏. 契约伦理与社会正义：罗尔斯正义论中的历史与理性 [M]. 北京：中国人民大学出版社，1993：26.

② 杨解君. 契约文化的变迁及其启示（上）：契约理念在公法中的确立 [J]. 法学评论，2004（6）：16.

责任要求契约责任范围必须与契约义务范围相一致。责任和义务永远都是捆绑在一起，企业组织强调人的全面发展，每个人都必须不断完善自己，进行自我调节管理，首先就是加强责任与义务的意识，发展自己，最终促进发展。

契约理论的核心就是契约双方的平等、自由、义务与权力共存，给人足够的空间，以提高人的主体意识（归属感），并根据契约双方人员的心理，提高他们的办事效率、积极性，激发出他们的创新能力，加大双方自觉地对同一目标实现的渴望。

## 二、契约理论在经济、管理研究中的兴起

### （一）经济学中契约理论的基本思想

1937 年，科斯发表的《企业的本质》，开创了契约理论研究的先河。从经济学看，契约包括了具有法律效力和默认的契约。契约是"通过允许合作双方从事可信赖的联合生产的努力，以减少在一个长期的商业关系中出现的行为风险或'敲竹杠'风险的设计装置"。① 不同的契约都是为了约束当事人的各种行为以达到资源的最优配置，期间对人们的职权、责任有明确的界定。20 世纪 60 至 70 年代，部分经济学家开始抛开一般均衡模型，试图以一种局部模型来研究经济中存在的关系。契约理论是研究在特定交易环境下来分析不同合同人之间的经济行为与结果，往往需要通过假定条件在一定程度上简化交易属性，建立模型来分析并得出理论观点，而现实交易的复杂性，很难由统一的模型来概括，从而形成了从不同的侧重点来分析特定交易的契约理论学派。无论是何种契约理论学派，都离不开契约理论的本质思想，其中主要基本思想表现如下：

1. 遵循契约平等原则

现代契约理论强调，契约是由双方意愿一致而产生相互间法律关系的一种约定，平等与人的自由意志是契约的两项基本原则。从宏观上讲，现行市场经济，现代民主政治体制，现代企业治理制度均体现了这两项原则；从微观上看，在因将资源委托他人保管使用或将决策权授予他人而形成的各种委

① 周文根.论契约关系下的商业诚信边界 [J].商业时代，2007（21）：106-108.

托—代理关系中，委托人与代理人之间权责利的界定均得到相互认可。

2. 遵循成本—效益的原则

依据契约经济学原理，重视企业良好的信誉和行为习惯的培养，对契约双方加强道德教育，同时也必须在一定程度上让代理人自觉履行经济责任。我国历年以来强调以德治国，相应的，在经济学里，以德治企业虽然不是万能的，但确实非常重要的，是必需的。遵循成本—效益的原则就是加强企业内部道德教育的体现，保障契约关系的正常运行。

3. 权利与责任合理划分

契约理论的研究成果证明，在契约产生的过程中，存在不确定性和相应的交易成本问题，契约通常是不完全的。但是，同时却存在最优契约，它满足了一定的约束条件，最优契约将权利与责任进行合理划分，并合理设计了激励机制，以及要求委托人与代理人共同承担风险。权力和责任的合理划分，是契约最优化的必备条件。

（二）管理学中契约理论的典型特征

1960 年，Argyris 在《理解组织行为》中首次将契约理论应用在组织管理中。为了全面认识契约理论，还必须更深一层了解契约理论的特征。在传统的组织中，一般以命令为特征，契约理论以契约作为构建组织秩序的一种方式，它作为一种新的模式用于组织的管理。具有以下两个典型的与以往的组织管理不同的特征：

1. 契约管理以契约双方为主体

契约管理以契约双方为主体，也就是组织内部成员都主动参与管理，一方面满足他们的自尊，让他们体会到平等、自由的空间和命令、服从的行政管理完全不同，达到双方地位的平等，才能够有自由思想的出现。同时让他们可以以主人翁的角度参与管理，增强他们的参与意识，发挥其潜能，加强他们的责任感。这样组织里的人际关系可以得到改善，大家能够畅所欲言，领导者能顺利进行决策，下属能有效进行执行，让组织有序发展下去。

2. 双方当事人遵守契约协议，履行协议

双方当事人遵守契约协议，履行协议，也就是诚实守信，体现了契约管理的公正与理性。契约一旦成立，主体就必须履行契约的义务，承担其责任。

这样就可以保证大家能安心为实现自己的目标而发挥自己的潜能，避免其内心产生不满情绪。

契约理念的引入是现代管理的一大进步，从组织内部人员的角度出发，充分关注员工的能力、兴趣和心理，采用公平公正、科学合理的管理方法，调动他们的工作积极性，尽可能开发他们的潜能，来提高工作效率。契约理论的精髓就是重视以人为本，尊重人的权利，给予其平等、自由的空间，突出契约的理性、公正的态度，提升组织成员的责任与使命，提高组织的凝聚力，增强组织的生命力。

契约理论，和传统管理模式中把人当作工具不同，它突出了人在管理过程中的作用，以人为本，体现出人的自由、平等，同时又以客观公正、理性的态度要求人们要做到诚实守信，在实践中具有很大的作用，主要表现在以下几方面：首先，契约理论之人本主义是社会发展和现代管理的基础。随着知识经济时代的来临，全球经济形势发生了巨大变化，伴随经济技术的进步，知识在经济发展过程中发挥举足轻重的作用，同时人在现代管理过程中的作用更加重要了。我国推行科学发展观的思想，而以人为本，强调人的自由平等的契约精神就成了科学发展的基本价值取向，也是现代管理的核心思想。另外，契约理论之公正、理性的理念能够促进管理目标的实现由各类人员组成的组织里，因人复杂多样的价值取向和行为特质（工种、能力技术、文化等）要求组织必须具备有利的制度和文化环境，通过约束并规范整合人的行为，使其制度化、规范化，从而达到目的的一致性，来实现共同利益。在这一过程中，则要求管理双方都要有一个公正、理性的心态，才能保证管理过程顺利持续有序的进行，从而实现我们的目标。总之，契约理论在现实社会生活中具有非常重要的意义。当然，契约理念在每个不同的领域里都有不一样的表现形式。本文主要从高等教育中教学管理的行政化问题出发，研究契约理论在高校教学管理实践中的应用。

### 三、契约理论对高教教学管理改革的启示

目前，契约理论在我国教育领域中已经运用得极为广泛。比如，国内不少学者使用契约理论的分支中的委托代理理论和不完全代理理论分析高等教

育问题。在我国，任增元、刘元芳最早将契约理论应用于高校教学管理研究过程中，指出学校和学生之间存在契约关系，提出在契约理论指导下探讨大学质量定位和转变是非常必要的。高等学校是一个特殊的以培养人才为目的的行业，高校内部的管理则与企业内部管理具有一定的共通性，同属于管理性质。所以，将目前已经活跃于经济学以及其他各个领域的契约理论运用到高等教育的教学管理中，需要研究其适用性，教学工作是人才培养的关键性环节。高等学校的教学系统相对复杂，一定要有针对性地对高校教学过程进行有计划、有目的的管理，才能够维持正常的教学秩序，使教学管理工作顺利开展。由此可见，契约理论中的思想与高校教学管理原则是相契合的。

（一）契约理论的民主理性思想与高校教学管理自治

契约理论之民主、理性的理念能够促进管理目标的实现，由各类人员组成的组织里，因人的复杂多样的价值取向和行为特质（工种、能力技术、文化等）要求组织必须具备有利的制度和文化环境，通过约束并规范整合人的行为，使其制度化、规范化，从而达到目的一致性，来实现共同利益，这一点和高校教学管理自治相契合。高校教学管理自治中要求的学生学习自由和教师教学自主就是契约理论的民主、理性思想的体现。

（二）契约理论的权责统一与教师教学自主

契约理论强调主体的权力责任统一，责任和义务永远都是捆绑在一起，强调人的全面发展，每个人都必须不断完善自己，进行自我调节管理，首先就是加强责任与义务的意识，发展自己，最终促进发展。这一点和高校教学管理过程中教师需要教学自主权相契合。在高校教学过程中，让教师的个性发挥有足够空间，鼓励教师自主思考和参与，加强协作精神，协调好教学活动中的教师、学生、教学行政人员之间的关系，让每个人都能尽其最大的能力，自觉主动相互促进，成为一个整体。并在高校教学活动中统一起来，实现高校教学的可持续发展，培养自由全面发展的创新型人才。高校教师的身份和工作都具有复杂性，教师对学生而言是传授知识的引导者，对学校而言是及教学工作的执行者，本应该具有自主性，所以对教师的管理，最重要的是抓住教师的心理满足其心理需求，从感情上进行管理，让教师真正实现权力与责任的统一。

（三）契约理论的平等自由思想与学生学习自由

契约理论建立的基础是契约双方意志自由，这一点和教学管理中的学生学习自由相契合。高校教学管理工作是关注学生，还学生在高校里的主体位置，真正地做到教育为学生服务。以学生为本，也就是说，高校教学管理工作过程中，尊重学生的需求和价值，不要只是把学生当成教育对象。学生是教学活动中的主体，多考虑学生的个性发展，尊重学生在高校中的权力，努力把学生培养成有全面综合素质，同时又富含主体意识和创新能力的可促进社会发展的人才。

# 第二节　契约理论下高校教学管理模式的构建

## 一、契约理论体现的高校教学管理新理念

契约理论中的自治理念，要求教师和学生自由参与决策，让教师和学生充分发挥自己的主动、创新意识，进行自我管理、自我创新。真正做到将高校内部的行政权力和学术权力相协调，改善高校中存在的教学管理行政化问题。

同时，契约理论要求高校行政管理部门以执行和服务为主，高校教学管理人员要树立以人为本的理念，加强教育服务的意识，调动教学管理人员服务教师和学生的积极性。高校是教学和科研的场所，是培养人才的地方，所以首先必须尊重教学的主体，保障学生和教师的主导地位，让他们在教学管理决策过程中拥有参与权。以学生和教师的全面协调发展为中心，将以前的行政管理转变为尊重师生的服务型管理，让学生有足够的自由安排自己的学习，让教师有足够的自由来开展自己的教学工作。真正从学生和老师的角度出发为他们着想，力图打造平等、自由的教学氛围，将学生学习的激情、教师教学的积极性发挥到最大，让高校的教学管理目标成为学生学习的方向、教师发展的方向，将高校、教师、学生多方面的收益整合到一起，建立全面、和谐、可持续的教学管理理念。

（一）主张教师、学生自主管理

高校教学管理过程中需要保障教师、学术的自主意识，这与契约理论的平等、自治精神不谋而合。尊重师生的自主权，以学生发展为方向，提供优质的服务。同时，充分激发学生自身参与教学管理，让他们的潜力得以发挥。不再是压制性地要求学生去做、去执行某个指令，让他们从之前的被动管理中解放出来，找到自己的主体位置，做教学管理活动的主人，进行自我管理。这样使他们从心理上得到尊重，从而主动参与教学管理活动，达到全面协调发展。

对于教师，本来教师就是教学活动的主体，教学目标的实现、教学质量的好坏与教师是有直接联系的。教师的工作是区别于企业的员工的，用传统的行政管理方式来对教师进行统治，无疑是扼杀了教师的创造性，因为行政化剥夺了教师教学的自由，导致教学管理出现一系列的问题。契约理论下的服务型教学管理模式要求恢复教师在教学管理活动中的位置，让教师拥有充分的教学自由。让教师真正体会自己的主人翁意识，从而指导学生的自我管理与自主意识。同时，充分尊重教师的权力，尤其是在教学管理中的各项决策制定和实施与否的发言权，让教师们切身体会到自己对教学管理的价值，以激发教师的工作激情。

（二）尊重教师和学生的个体特性

契约理论体现相互性，"契约的责任理念还包含着义务和责任的一致性。这种一致性，既表现为义务主体和责任主体的一致，又表现为义务范围与责任范围的一致。契约责任要求契约责任范围必须与契约义务范围相一致。"责任和义务永远都是捆绑在一起，企业组织强调人的全面发展，每个人都必须不断完善自己，进行自我调节管理，首先就是加强责任与义务的意识，发展自己，最终促进发展。在管理过程中，人是核心，当人受到重视和肯定时，才会尽最大力量为达成目标而努力，发挥其能力的作用。在高校教学管理中坚持以人为本，也就是以教师和学生为本，教学管理以师生的利益为起点，充分理解教师和学生的个性差异。每个人都是独立的个体，自然有自己独立的思想、思维方式、处事风格等。作为教学管理主体的教师和学生同样也不例外。传统的教学管理强调统一化，影响了教师和学生的个性发挥，契约理论下服务型教学管理模式尊重教师和学生的个性，尊重他们的兴趣爱好，将学生的兴趣爱好发展成特长，促进下一步新的发展，让他们更有激情施展自己的个性；充分尊重教师的教学风格、教学方法，使得教师更有动力去从事教学研究，丰富教学内容，以提高学生的求知欲，达到高等教育的培养人才的目的。打破传统教学管理约束，极力开发教师和学生的潜能，促进师生全面发展。高校教学管理者不是给学生和老师发号施令，进行控制，而是确定教学管理的一个方向，给教师和学生提供相应的帮助，让他们的教学工作和学习过程能够顺利开展。

（三）民主集中，科学管理相互作用

民主政治为契约理论提供了政治基础，减少了权力的负面影响，为近代契约理论所要求的自由、平等提供了制度保障。高校教学管理中更是如此，教学管理的民主强调以人为本，重视教师、学生参与教学管理活动，注重的是人的内心思想管理，采用的是激励、肯定、协调的管理方式，注重个人的差异、心理情感等，从而激发人的自我管理意识达到教学管理的目的。科学管理则涉及管理的规范性、强制性、法制性。由于我国高等教育带有中国特色社会主义的特征，教育资源的利用有一定的局限性，要求高校通过科学管理来达到教学资源的有效运用，同时运用具体的具有强制性的规章制度来规范教师和学生的权力。服务型教学管理倡导民主管理和科学管理相结合，民主先行，科学做保障，在高校教学管理坚持人本主义的民主理念的同时，辅以科学管理来调整高校教学管理的秩序。因为脱离了民主管理，教学管理必然了无生气，缺少人文化，没有科学管理的话，高等教育教学将混乱不堪。所以必须将民主和科学进行结合，真正实现高校教学管理协调化。

## 二、基于契约理论构建的高校教学管理新模式

我国高等教育目前还存在诸多问题，急切需要完善和改进。为了更好地实现高等教育的培养人才的目标，在科学发展观的带领下，应该正视目前我国高校教学管理存在的普遍性问题，转变管理思路，构建新的以契约理论为核心思想的高校教学管理模式。这个模式分别从服务和专业两个角度出发，改变传统的教学管理理念，调整目前高校教学管理职能、机构，提升高校教

学质量等，以期达到更好地服务我国高等教育的目的。其特征主要表现如下：

（一）充分体现教学管理服务性职能

行政权力过于突出的现行高校教学管理模式，严重脱离我国高等教育科学发展方向，高校教学管理部门自身定位不清晰，没有认识到教学管理的本质是服务，教学管理人员只是一味地服从和执行，没有管理者该具备的主动性。高校教学管理方法未跟上高等教育发展的脚步，缺少创新能力。与其相对应的服务型教学管理完全不同，服务型教学管理从师生和教学管理人员的需求出发，完善教学管理制度和教学管理体系，为教学主体提供优越的服务。

1. 调整高校教学管理部门职责

契约理论下教学管理模式，对高校教学管理机构进行了调整，真正体现教学管理的服务性。学校的教学管理工作，由校长全面性负责，主管教学的副校长主持教学管理工作，并通过教学管理职能部门的作用统一调动学校的各种资源为教学服务，统一对教学工作进程进行管理，信息及时反馈，以保证各项教学管理目标实现的效率。

学校教学管理机构分为校、院、系三级。教务处是学校管理教学工作的主要职能部门。整合教务处下设的科室机构，将高校之前的八个科室和一个中心进行调整，整合成三个科室，一个中心。之前的教务处办公室在原来的基础上并入学籍管理科，同时负责管理学籍的工作；教学管理科与教材管理科合并为教学管理科，负责教学管理和教材管理的工作；考试管理科不变；实验室管理科并入教育技术中心为教育实验中心；素质教育科和评估办公室削减。三个科室和一个中心相互协调，负责组织高校教学改革和建设，保证教学工作运行的秩序稳定，同时加快管理工作的质量提升，做到稳中求胜。

高校教学秘书在高校院、系的教务管理机构中占主导地位，属于高校教学管理队伍中最基层的教学管理人员，作为学院和系部的教学工作的重要管理者，在教学系主任或院长的领导下，对日常的教学方面的行政工作进行处理，并关注教学状态、质量的提升，学校教务处和教学秘书是在高校教务管理工作上充当着组织者和实施者的角色，发挥着高校教务管理机构的首脑作用；加强教务处和教学秘书等教务管理工作人员的服务性指导建立教师、学生与所有教学管理部门的沟通机制，提高高校教务管理的工作质量。

2. 教务部门全面为教师和学生服务

高校教务处直接对师生服务。教学就是"教"和"学"的对立统一,而教务部门正是这个"统一"的忠诚卫士,教务处在教学过程中担负着重要的保障工作,包括保障教材、实验设备、实验室、教学场地等一切硬件设施能够安全优质地运用于教学活动;为了能够及时为教师提供最新的丰富的教学、教研信息,首先通过沟通机制,让所有的教师能够有参与教学管理各决策的权力,使教师能够得到最好的指导,有效地把信息和信息技术应用于教学之中;组织制订合理科学的培养计划并监督实施,保障教学质量;为师生提供简明易懂的办事流程,让师生享有一站式服务。

3. 校级教务部门为基层教学管理服务

契约理论教学管理新模式上体现出高校校级教务部门直接对基层教学管理服务,如教务处有帮助教学秘书提高工作效率的责任和义务。教学秘书的工作是否有效关系着学校教务工作的质量以及学校的发展和壮大。所以,高校教务处必须重视对教学秘书的培养,提高教学秘书的整体素质,建立教学管理队伍的培训机制,培训教学管理人员的计算机应用、教学管理方法和教学研究方法的知识,更新教学管理人员的教学管理理念,完善教学管理人员的交流机制,为他们的经验交流提供平台。

(二) 全面展现高校教学管理的专业性

我国高等教育规模扩大至如今,已经处于大众化时代。高校教学管理的这项工作是一个系统化的工程,不仅专业性强而且复杂,重要性强。因此,要顺利实现高校教学的目标,必须有一个科学合理的管理方式和计划,以及各种软硬设施的支持。伴随高等教育的大众化,相对应的教学管理工作会变得更加繁杂,需要更强硬的专业化教学管理方法和更厚实的专业型管理队伍。教学管理工作的有效实施与否关系到教学秩序是否稳定,人才培养的质量能否提高。从高校的实证研究得出,目前教学管理模式还存在诸多问题,有待改革。目前行政化教学管理的问题,一大部分原因在于教学管理的非专业化,所以为了让契约理论下的教学管理新模式正常运行,有必要从教学管理的专业性入手,只有教学管理进行专业化了,才能保障整个教学管理系统的可持续发展。

1. 教学自治，自我管理

契约理论下教学管理模式体现了以教学自治为中心的管理，在院（系）一级统一发挥自主权，进行自我管理和发展。行政管理协助教学，为教师、学生提供教学和科研自由。规范学术机构，如各学科专业权威咨询委员会等机构参与学术活动的决策，参与学校教学的管理。鼓励教师参与教学管理，提高学术机构的地位。

2. 明确职责权限，协调管理

契约理论下教学管理模式，明确划分行政和教学两类机构的职责权限范围，两者相互协作，共同承担学校的教学管理工作。同时教学管理机构之间也在相互咨询、审议后进行决策。建立沟通平台，充分发挥基层教师和教学管理人员的积极主动性，做好内部管理工作。重新设定校、院、系三级的职责权能，学校进行宏观管理，整体上进行管理，权力下放后能够将更多精力放在教学发展的整体规划和学校其他工作上；最为基层的系一级为主体，对本学科的专业与课程的建设、改革与发展情况更加清楚，在本学科的教学方面更有发言权，同时院系一级获得教学自主权后，能够调动他们的积极性①。

3. 教学管理队伍专业化建设

契约理论教学管理模式中体现了教学管理队伍专业化。转变观念，将教学管理队伍和教师队伍的建设一起提升，彻底改变以前教学管理队伍学历和素质不高的情况，以培养专业型的教学管理人员。同时，提高教学管理人员的地位和待遇，吸引优秀的人才，将教学管理人员的培训纳入高校的学习计划中，加强现代管理科学知识，变经验管理为科学管理；对教学管理人员进行法治教育，体现教学管理过程的依法治教和依法办学；教学管理人员必须经过培训合格后才能上岗，保障教学管理工作的规范性。

### 三、契约理论建立的教学管理模式对行政化教学管理模式的突破

契约理论建立的教学管理模式和传统的行政化教学管理模式相比较而言，更具有可行性，从以人为本的理念出发，建立明确、规范的教学管理体系，

---

① 刘伟．新建本科院校教学质量保障体系构建与教学管理创新［M］．长春：吉林大学出版社，2019：155．

同时要有科学合理的教学管理机制，真正实现教学管理的服务性与专业性。

（一）以师生为本的教学管理理念

面对目前以行政管理为核心的高校教学管理模式，虽然一直在呼吁改革，但是行政权力首位的思想观念没有从根本上铲除，只是趋向于形式上的去行政化。要真正改革，必须从管理理念上转变思想，端正自己的意识。首先，确立一个新的教学管理理念，也就是教学和行政协调一致、合理分工的管理理念。真正体现以教学为主导，发挥行政管理为教学服务的意识，合理配置资源，让行政管理部门以执行和服务为主，教师和学生参与决策，让教师和学生充分发挥自己的主动、创新意识，进行自我管理、自我创新，真正做到将高校内部的行政权力和教学协调，避免行政化问题的产生。高校教学管理人员要树立以人为本的理念，加强教育服务的意识，调动教学管理人员服务教师和学生的积极性。

高校是教学和科研的场所，是培养人才的地方，所以首先必须尊重教学的主体，保障学生和教师的主导地位，让他们在教学管理决策过程中拥有参与权。因此，要以学生和教师的全面协调发展为中心，将以前的行政管理转变为尊重师生的服务型管理，实现教师和学生的平等关系，教学管理人员和教师、学生的平等关系，保障他们相互之间能够顺利进行无阻碍沟通，有问题及时反馈。让学生有足够的自由开展自己的学习，让教师有足够的自由来开展自己的教学工作。真正从学生和老师的角度出发为他们着想，力图打造平等、自由的教学氛围，将学生学习的激情、教师教学的积极性发挥到最大。让高校的教学管理目标成为学生学习的方向、教师发展的方向，将高校、教师、学生多方面的收益整合到一起，落实全面、和谐、可持续的教学管理理念。

（二）服务型的教学管理体系

高校的教学管理源于一个管理体系，体系内部各个部分都是相互影响的。为了保证高校教学活动的顺利进行、高校教学秩序的稳定、教学质量的提升，首先必须完善教学管理体系，使教学管理活动的决策明确、规范，避免教学管理中出现无法可依，无章可循的情况；同时，契约理论视角下的教学管理体系在原本明确规范的教学管理的前提下，进行人文化的改善，加强以人为本，真正体现服务性质；另外，教学管理囊括的教学计划制订、教学管理活动的实施、教学质量的监督管理三方面要体现教学管理的服务性、专业性。

1. 教学计划的制订

高校教学计划是由国家高等教育主管部门或高等学校根据高等教育的教育目的和培养目标制订的，用于指导高等教育和高校教学的文件。高校教学计划是高校教学管理的主导核心，主要包括了培养目标、课程设置、教育教学活动、教学学时安排和学分分配五方面的内容。契约理论视角的服务型教学管理，把教学计划的制订放在首要位置，因为教学计划是高校教学管理的前提，起着指明灯的作用，没有计划的管理是盲目的。教学计划的制订是高校教学管理的第一步，关系着教学活动实施的效率和效果，必须要精心安排，并做到合理的建构。在制订教学计划之前，教学管理部门与教师、学生进行沟通，保证教师、学生的参与权，并根据教师和学生的特征进行合理设置。在培养目标方面，在高校以学生全面发展为指导方向，本着教学自由、学习自主的原则，提高学生的综合素质，以前主要培养的是片面的通晓某一专业领域的人才，现在改变之前的单一化，培养集各种基础知识为一身的通用型人才，打造全面和谐发展的高等教育。一方面可以将各个领域的知识得以综合统筹，促进专业与专业之间的沟通；另一方面在综合知识的同时尊重师生个体的差异，发挥他们的长处，让培养对象在掌握基础知识的前提下还拥有自己引以为豪的专业领域的知识。同时，设定目标时注意理论联系实际，挖掘出师生的创新意识。在课程设置方面，真正体现服务的精神，课程设置以学生为本，根据不同年级的学生特征，适当适量安排合乎该年级学生的课程，防止课程任务过重或过轻；并注意理论课程与实践课程相搭配，真正实现全面的教学管理。我国目前很多高校都存在选修课偏少，很多学生都有埋怨自己想选的课不在选修范围之类，造成学生学习激情丧失。针对这种情况，高校可以适当增加选修课的范围，充分培养学生的兴趣爱好，提高学生的创新能力，丰富学生的知识结构，扩充他们的视野。另外，在教学学时安排和学分分配方面，也要遵循教学规律和学生的身心特点，保障教学的质量。

2. 教学过程的运行

契约理论下的服务型教学管理模式要求教学过程的运行管理要以教师和

学生为本。教学过程的运行是高等教育人才培养的核心，是在制订教学计划以后，对教学活动进行调节和掌握，使教学活动在正常有序的秩序下运行。

从课堂教学到考试的整个教学运行过程中，必须尊重教师和学生的主体地位。教学活动本来就应该是属于学生和教师的，教师不再拘泥于传统的"规范"教学和统一的教学内容、教学方式、教学速度。服务型教学管理模式要求，必须保障教师教学自由，在能够达到教学计划要求的前提下，教师完全可以按照自己特有的风格，自由地选择教学方式、教学场所、教学速度、教学内容等。

教师还可以遵照学生身心发展规律及其个性差异，因材施教，对不同的学生选择不一样的教学方法；根据不同的教学内容，自由挑选适合本专业的场所进行教学，在学生掌握理论基础的前提下，同时加强他们的实践能力；加强教学互动，改变课堂教学上老师一味灌输的局面，让学生参与到教学过程中，教师和学生互相交流、互相探讨，一方面改变了传统的灌输式教学方式，让学生不再是被动地接受知识，而是在轻松自由的环境下，提升自己的思维能力和逻辑分析能力，增强他们探索知识的能力和激情。

3. 教学质量的监督和评估

契约理论下的服务型教学管理模式要求高校必须要有公平、公正、理性、全面的质量监督系统，保障高等教育中教学管理的正常运行，以达到培养人才的最终目的。坚持服务的理念，监督方要本着为被监督方进行指导、服务的态度进行管理。避免给教师带来过大的心理负担，影响其正常发挥。教学监督管理部门的存在，是为了在监督、指导之后，让教师们能够互相交流、取长补短，改进自己的教学方式，同时让自己的长处得到传承与借鉴，最终促进教学质量的提升。当然，在这个过程当中，最重要的是尊重教师，全面评估教师的教学活动，在评价的时候要客观、全面，一方面从教学活动的客观场所中分析存在的客观因素，评价的方式必须公平、合理；另一方面全面观察评估对象的特征，进行多方面评估。评估后及时进行反馈，以达到评估的作用和价值。给予教师获取评估结果的权力，在评估结果出来以后，充分肯定教师的优点以及所取得的优秀成绩，让他们觉得自己的工作是有意义的，结果优秀的教师应给予适当的奖励；如果发现有走入误区的教师，在肯定他成绩的同时，给予适当建议，让教师自己意识到存在的缺陷后，自主进行改进，会更有效果。这样，让教学管理深入师生的内心，展现教学管理的人文化，从师生的利益出发，多去考虑他们的处境，尽可能地满足教师和学生的教学需要。

## 第三节　契约理论下高校教学管理模式良性运行机制的形成

在契约理论精神的指导下，我国高校教学管理模式需要建立更优越的运行模式，由内而外，进行开拓创新，本着自由平等之理念，重新建立内部权力系统，科学合理地运行管理机制。

### 一、建立沟通机制，尊重教师和学生的自主参与权

从当前大学的教学管理现状可以看出，目前高校教学管理的权力系统相对混乱，行政管理严重，影响了教学管理工作的顺利开展。针对这种情况，契约理论下的教学管理模式运行机制要求重新建构高校教学管理的权力系统，首先明确管理机构的权力，针对我国大学内部管理的权力不协调、行政权力泛化等现状，进行学院制改革，形成校院二级管理体系，管理的重心下移，把学校、学院、教研室等基层组织的基本职能定位为三个中心：学校成为"决策中心"，学院成为"管理中心"，教研室等基层组织成为"质量中心"。学校主要抓学校的发展规划，由直接变为目标的管理①。

高校的特殊属性与契约理论中的不完全契约思想相契合，高校教学管理在系统规范管理制度的同时，灵活引入沟通机制，使教师和学生的自主权得到发挥。真正体现以教学为主导，发挥行政管理为教学服务的意识，合理配置资源，其前提就是建立平等的沟通机制，像教学管理新模式里面所表现的，教师和学生是平等的，教学管理人员和教师、学生是平等的，他们相互之间能够顺利进行无阻碍沟通，有问题可以及时反馈。行政管理部门应以执行和

---

① 马永霞，窦亚飞. 高等教育组织与管理［M］. 北京：北京理工大学出版社，2020：267.

服务为主，教师和学生参与决策，让教师和学生充分发挥自己的主动意识和创新意识，进行自我管理、自我创新。真正将高校内部的行政权力和教学协调，避免行政化问题的产生。高校教学管理人员树立以人为本的理念，加强教育服务的意识，调动教学管理人员服务教师和学生的积极性。高校是教学和科研的场所，是培养人才的地方，所以首先必须尊重教学的主体，保障学生和教师的主导地位，让他们在教学管理决策过程中拥有参与权。以学生和教师的全面协调发展为中心，将以前的行政管理转变为尊重师生的服务型管理，让学生有足够的自由开展自己的学习，让教师有足够的自由来开展自己的教学工作。真正从学生和老师的角度出发，打造平等、自由的教学氛围，将学生学习的激情、教师教学的积极性激发至最大。

## 二、建立服务型的评价机制，并进行信息化管理

从当前大学的教学管理现状了解到，学校的教务处专门设定了一个科室用来做评估，一方面耗费了劳力，另一方面对教师工作产生了很大的负面影响。所以要建立服务型的评价机制，改善评价不合理的现状。首先，学校成立以院系两级领导、退休老专家为主体的教学督导室，教学督导员深入教学一线调研、检查、听课，与教学管理部门和教学系部研究教学中存在的问题，提出整改措施。实行学生评价、组织评价、专家评价以及教学督导员随机评价相结合的课堂教学评价制度，不断提高听课、学生信息反馈、教学检查和教学督查等工作效果；完善教学检查、教学评价机制，学院坚持三段式教学检查制度，即学期初检查、期中检查教学进度和教学计划执行情况，期终总结分析评价教学效果。

同时，全面评估教师的教学活动，在评价的时候要客观、全面，一方面从教学活动的客观场所中分析存在的客观因素，评价的方式必须公平、合理；另一方面全面观察评估对象的特征，进行多方面评估。评估后及时反馈，给予教师获取评估结果的权力，结果出来以后，充分肯定教师的优点以及所取得的优秀成绩，让他们觉得自己的工作是有意义的，结果优秀的教师应给予适当的奖励；如果发现有走入误区的教师，在肯定其成绩的同时，给予适当的建议，让教师自己意识到存在的缺陷后，自主改进。

### 三、建立专业化教学管理人员的培训机制

我国高等教育要跟上国际形势的要求，必须从高校教学管理入手，教学管理活动是高校管理的核心，而教学管理人员则是关键。要建立契约理论下教学管理新模式，增加高校自身的竞争优势，适应知识经济时代的变更，急切需要建立专业化教学管理人员的培训机制。

（一）端正对教学管理人员的观念认识。

教学管理人员和教师犹如丝线和珍珠，教学管理人员的存在让教师本来相对单一的光彩更加绚丽，更有价值。一所高校，没有优质的教师队伍是不可能提高教学质量的，但光有高水平的教师队伍，而缺少专业化的教学管理人员同样无法实现高等教育培养人才的目标，他们是相互成就的，两者缺一不可。

（二）完善教学管理人员的培养制度

教学管理人员的培养需要一定的时间，转变对教学管理人员的观念之后，必须完善教学管理人员的培养制度，让培养有一个方向，确定一个目标，并按照相关的制度实施，才能够培养出我们需要的专业化管理人才。具体措施如下：一是要对教学管理人员的招聘条件进行严格把关。教学管理工作是专业性比较强的工作，采纳人员首先要具备一定的学历，如大学本科及其以上学历；其次是必须具有系统的知识基础，具有服务意识和态度，同时具有相关教育管理专业理论知识和实践能力的，尤其是必须精通大学生心理学、高等教育学等方面的知识，再进行相应的考核，合格后方能上岗。二是加强教学管理人员的上岗之前的培训力度。考核通过后，学校进行集中培训，针对大家的不同职位和部门设计相应的培训重心，包括现代系统科学的教育管理知识、相关的教育法律和法规知识等培训。三是规范教学管理人员的岗后定期学习。高校根据自身的办学特征，结合目前高校教学改革的需要，加强教学管理人员的岗后培养，对不同岗位的管理人员进行不同的培训，鼓励管理人员多出去交流学习，提升自身的能力，多去学习和了解当前教学管理的新渠道、新趋势，以便及时掌握前沿问题，提高教学管理人员的创新意识。

（三）强化教学管理人员的激励工作

教学管理人员的专业化培养，最关键的环节是对教学管理人员本身采取激励的措施，而不是控制和监督，用激励的措施提高教学管理人员的工作激情，使其变被动为主动；进行情感上的投资，多关心教学管理人员，给予教学管理人员足够的尊重和理解，让他们心甘情愿地完成教学管理工作，同时还能够获得精神上的满足。所谓的成就感，就是将工作任务升级为自我价值的实现，主动去探寻教学管理的新方法。一方面，多理解教学管理人员的生存环境、生活压力和困难，并适当地帮助他们解决问题，让他们觉得自己的生活环境是温暖的；另一方面，多和教学管理人员进行交流，多鼓励，并给予一定的建议，让他们觉得自己不只是执行者，也是参与者。

设置目标，将教学管理人员的需求和目标融合。教学管理人员有自己的工作目标，如果让教学管理人员明确自己在高校管理中的位置和自己在高校管理的总体目标实现过程中发挥的作用后，将自己的工作目标与高校教学管理的目标相对应的话，教学管理人员将会看到自己个人事业发展的前景，这时候给予他们一定的主动权，必然能够激发他们带着责任心去实现高等教育的共同目标。在这种情况下，教学管理人员会尽心尽力工作，在工作中实现自己的个人价值，感受强烈的认同感，自觉去考虑高校的利益以及高校的发展前景。

总之，学校领导必须重视教学管理人员的作用，进行专业化的培养，采用合理、合情的培训手段进行规范，让教学管理人员的工作热情充分发挥出来，积极、主动投入教学管理的工作过程中，以提高高校教学管理的质量。

# 第九章

# 高校弹性学制的教学管理机制研究

## 第一节　弹性学制概念界定及相关理论基础

### 一、弹性学制的概念界定

综合不同专家对于弹性学制定义，大致可分为以下三种：

（一）"弹性学制"是高校教学管理制度的一种，是"学校为了满足学生在不同的情况下能完成同一目标的学业要求而采取的一种灵活的教学管理措施，其实质是对学习年限实行弹性管理，并允许学生提前毕业或分阶段完成学业"。

该定义认为"弹性学制"是学校从教学管理的角度，为了满足不同学生对学习年限的灵活要求，采取的一种通过制定学校政策的学校管理行为。

（二）学生在读时期，其修业计划和修业时间依据实际情况安排，可适度调整修业年限的教学管理机制。与学年制相比，在学生修业时间上没有硬性要求，学生只需在弹性化的时间内修完所有课程，达到毕业条件即可毕业和获得相应学位。

该定义强调了学生对修业年限的自主选择，是一种以学生为本的、"自下而上"的教学管理机制。

（三）还有一种观念认为，"弹性学制"应是"强调学习者的可选择性。弹性可以体现在选择的多样化上，如丰富的各种课程、多种多样学习活动、各种辅助媒体和多种可选择性"。

该定义的本质是教育观念的变革，强调高等教育机构应能回应不同的社会需求，并满足学生不同的学习需求，是一种基于终身学习需要的一种教育理念。

综上，本章将弹性学制界定为弹性学制是一种建构在选课制、导师制、学分绩点制等制度基础上的完全学分制的教学管理体制。学生在校学习的年限是以标准学年为依据的，允许学生可以分阶段完成自己的学业，学生只要在弹性学习的年限以内，按照有指导性的教学计划引导，最终完成规定总学分和需要必修以及选修的学分，德智体合格者，即可申请学位，允许毕业。学生在校学习时期能自主选择专业，跨院系以及学校选择合适的课程，自主选择教师，确定学习进程等①。

弹性学制不仅学习年限有弹性，还有内容以及学习方式均有灵活性，学生可以根据需要构架自己的知识结构，满足自身个性化、多样化的发展需求。

## 二、弹性学制的特点

弹性学制与学年制有很大的不同。学年制的特点是有具体的学习年限和规定的必修课，强调高校自身统一管理进程，评定高校学生是否完成学业以课程成绩为单位，计划性比较强；而弹性学制把学分制作为根本，学生的培养计划有总学分和学分结构的要求，课程有相对应学分，在此制度下，学生自由选修，衡量学生的学业是以学分为单位，学生受计划控制程度比较低。弹性学制的特点如下：

### （一）学习时限的灵活性

弹性学制没有传统学习时间的规定，学生只要满足毕业条件即可提早毕业；也可延迟一定毕业时间；还允许中途离校，休学工作，满足了学生的个性化发展需求。其修业时间的弹性限度一般为3~8年。不仅满足不同个体的需要，合理地分配受教育时间，更能充分利用教育资源，提高教育的效率。

---

① 蔡先金，宋尚桂，等. 大学学分制的理论与实践［M］. 青岛：中国海洋大学出版社，2006：175.

### (二) 教学组织的变通性

学生修读的课程，达到课程考核要求即可获得学分，如未达到考核要求，学生可选择重修或另选课程，直到取得相应的学分为止，用考核合格与否来评断教学结果以及进行学籍管理，可以让学生在一种宽松自由的学习气氛中学习，从而获得较大的灵活性和自由权。这种根据受教育者实际的自我调整的教学管理模式，能够促进学生创新精神形成。

### (三) 培养过程的互动性

弹性学制虽然强调了较多学生的主动性和创造性，可是由于学生尤其是大一新生并不了解专业的社会需求，更不了解专业课程的设置，不知如何更合理的选择利于实现目标的学习方案。所以，弹性学制需要设立完善的导师制，导师对学生进行指导，与其共同处理在学习中出现的问题。同时，通过选课制、选教制的建立，敦促教师总结教学经验，不断提高教学能力，使师生之间可以更好地互动，有利于教育教学工作的开展。

总的来说，弹性学制是一种比固定学年制更为灵活，更有利于培养适应时代发展需求的多样化人才的一种教学管理制度。它是一种较开放、宽松的人才培养模式，可以在多种环节上给予学生充分的选择权利和机会，用灵活的教学计划保证灵活的修业年限，并满足部分学生工学交替的需求，分阶段完成学业，使得培养出的人才能力结构多样化。因而弹性学制是有利于个性化人才成长，满足不同学习者需求的教学管理机制，是高等教育应对经济和信息化发展要求的必然选择。

## 三、弹性学制的相关理论基础

### (一) 高等教育服务消费理论

#### 1. 高等教育服务理论

高等教育服务是指高等教育机构通过校内外办学资源为教育需求者供给的使其智力和思想素质得到提升，进而使得受教育者的自身价值增值的虚拟形态的服务产品。主要表现为通过划分不同的专业，构建专业培养方案，依据教学方案组织教学、实验实习及论文写作答辩等工作。

服务观认为，高等教育是一种特殊的服务产业，其产品是附加在合格毕业生上的因受教育而形成的知识、技能的总和，而单独的个人并不是高等教育产品。受教育者作为消费者接受教育服务，他们接受生产者也就是高校教师提供智力培养，采取听课、实验、实训实习等多种形式，消费各种类型的教育服务消费品，通过自身的努力，思考、消化教育服务，从而累积各种知识，转化为受教育者的自身技能。

从高等教育需求来看，高等院校所面对的是以服务、科技和人才为主的市场，满足所面对的市场的需要也是高等院校对市场适应的需求。市场对于人才的数量、人才的质量和人才的组成结构等需要会导致高校办学政策、领域和布局的变化，同时，劳动力市场的市场化程度，也会导致高校的不同取向，如我国劳动力市场化在由"行政化"向"混合化"再向"市场化"的转变过程中，高校对于市场化的接受程度也在逐步加深，高校受人才市场需求的变化也由原来的间接影响转变为直接影响。

总之，教育经济学把教学过程视为教育服务产品的生产和消费过程。高等教育就本质而言，可视为一种服务，教师作为提供教育智力产品的生产者，高等院校提供生产场所及配套资源，其目的是通过高等教育教学实践活动促使消费者身心的全面发展，增强其劳动市场竞争力。消费者通过交纳学费，购买和消费高等教育服务产品，努力提高自身知识储备及技能，并将其内化为自身人力资本，不断提高自身劳动效率。高等教育的服务观是对传统观念的冲击，展现了高等教育的需求本质。

2. 高等教育消费理论

教育消费是指教育需求者为获取教育服务而花费的成本，可划为狭义教育和广义教育消费两种概念。广义的教育消费是指，高等教育参与方的所有支出，包括国家财政投入、社会投入及家庭投入等所有各方投入总和。狭义的教育消费是指，个人或其家庭为使其学识、能力提升而花费的与获取服务直接相关各种费用，如学费、住宿费、交通费、文具费、通信费等。

在高等教育服务市场，服务消费不仅包括在招生、就业过程中，还包括在教学过程中。由于教学是互动的过程，体现为教师提供各种基础知识和技能训练，但消费者自身必须花费大量的时间和精力，将知识和技能内化为自身的人力资本，进而持续增值的知识获得与实际训练的过程。教育需求者受教育质量的好坏不仅和投入的时间和精力有关系，还与其个人自身情况有关。而学生身心的全面发展过程中，教师的授课质量、个人魅力只是决定教育质量的部分因素，学生间的相互影响、优良的教风学风、积极乐观的学校氛围在学生身心发展中有着更为积极的作用①。

为此，部分消费者更愿意为优秀教师、优美校园及优良学风付出更高的代价，选择性消费在教育市场已逐渐形成主流。付出直接或间接较高费用的求学者，带有明显功利性目标，家庭与学校之间的关系越来越表现为消费关系、交换关系、委托者代理人关系。在直接收益率最高的高等教育领域，成本—收益核算已成为共识，其个人或家庭在进行高等教育投资前，会首先考虑教育服务是否物有所值甚至物超所值，学成之后是否有助于社会地位的提升，就业前景如何，毕业生工资与同龄人有多大的差距，学校是否提供资金补偿，以及校园的学习、生活环境，等等。因此，提供比固定学制更为灵活，更尊重消费者权益的弹性学制是吸引消费者的一个重要手段。

（二）高等教育管理理论

1. 高等学校教学管理理论

高等学校的三项基本职能是人才培养、科学研究和社会服务。其中，后两大职能作为提高高等学校人才培养质量而逐步发展演化而成。因此，高校主要通过教学过程完成工作核心任务——培养人才。高等学校的核心任务是教学，管理需要围绕教学展开。

学校的管理是依据教学规律和教学条件，有意识地调节教与学的关系以及教学资源，以达到高校培养目标的过程。与其他管理一样，教学管理由多个管理要素组成。其主要要素有教学管理者、教学管理媒介和教学管理的对象。

随着社会经济的不断发展，不仅高校，甚至部分中小学都出现了自我膨胀症，总体表现为学校的教学资源投入不能满足教学需求。这种不满体现在两方面：一方面是社会的不满，社会经济越发展，社会对人才培养质量的要求就越高，不仅要求人才的专业水平、动手能力，更要求学校对学生的思想、

---

① 赵炳坤. 基于经济学视角的高等教育发展方式研究［M］. 北京：中国经济出版社，2012：149.

道德甚至基本生活技能负责；另一方面是学生及其家庭的不满，他们要求学生毕业后能够在就业方面上拥有较强的竞争力，但教学资源的有限性又影响着教学功能发挥，不能满足这种期望值，故而产生矛盾。这种矛盾是教育资源的有限性与无限拔高的教育目标之间的矛盾，作为管理者应对这种矛盾要有清晰的认识，在有限投入的情况下，尽可能合理使用以及优化配置有限的资源，形成统一的有机体，在确保高校培养目标实现的情况下，尽力满足各方需求。同时，搭建信息交流平台，对外界环境变化也能尽快回应，依据环境变化对教学资源进行组合，形成各种有形和无形的关系，从而对人才培养过程产生不同的影响。

因此，教学管理首先体现为"维系"功能，即凝聚各种办学资源，构建一个有序运行、运转状况良好的教学管理体系；其次是教学管理的"放大"功能，即最大限度地围绕培养目标，充分发掘教学资源，进行优化组合，应对各种变化的情况，更好地完成教学管理的总体方针。

2. 高等教育管理效益理论

高等教育管理活动是一种有所指向的人类活动，这种指向要求高等教育管理首先要满足教育的基本规律，更要满足受教育者的需要。所以，高等教育管理必须在满足其目标和规律的基础上，对高等教育资源和环境进行优化组合，在这一过程中，既涉及高等教育内外部环境融合、资源的配置、信息的交流，也涉及其投入与产出的问题，这就是高等教育管理效益问题。

高等教育管理效益可以定义为：以一定的资源投入，提供最大限度的涵盖人才、学识、服务等符合社会的发展与人们想要的成果产出。其定义能说明，高等教育管理效益的内容主要包括三方面：一是表明投入数量与产出数量之间的关系；二是具有产出质量的要求；三是适应社会性的要求。所以，与其说高等教育管理效益是资源利用最大化的问题，不如说是教育成果的产出与社会的需要二者能否紧密契合的问题，是社会期望值能满足多少的问题。

从教育管理的方面看，高等教育的管理效益是检验管理水平是否高效、科学的依据。管理效益大小体现高等学校的管理能力与水平，并能够看出管理者是否具有相应的才能，并以此来衡量其工作绩效。然而，管理过程本身并不产生效益，只是管理结果的综合反映。因此，从效益的方面审视，只有将管理人员、资源和信息配置合理、畅通，管理效益才可能实现最大化。

## 第二节　国外弹性学制的发展模式及特点

弹性学制在国外已有百余年的发展历史，至今，国外弹性学制大体可归纳为三种模式：第一种是完全弹性的学分制，如美国部分大学，在专业选择、学习时间、课程及授课教师方面，完全根据学生本人的兴趣爱好及就业愿望自主确定。第二种是学年学分制，如日本大学，学生必须在目标时间内达到目标学分，不能提前毕业。而西欧及部分美国大学采用的是第三种模式，即在一定时间内完成规定学分，即可毕业，学业时间较学年学分制具有较大弹性，课程上有必修课要求。通过研究发达国家学分制的发展模式及特点，透析其高等教育的教学管理模式，对我国推行弹性学制有重要的指导意义。

### 一、国外高校学分制发展模式

（一）国外高校学分制起源

学分制出现于18~19世纪的欧美国家，随选修制或称选课制、选科制的发展而逐渐成形。学分制的建立与发展与当时欧美资本主义的发展密不可分，它是在欧美社会市场经济建立，在市场竞争加剧的背景下，高校为满足市场多样化人才的需要，同时也为迎合当时资本主义社会思潮和教育思想，创立和发展了选修制和学分制。

19世纪初的德国，亚历山大·冯·洪堡（Alexander von Humboldt）出任普鲁士教育部长，他提倡个性化的教育，强调学生可依据性格和自身特点自由选择教师与课程、安排学习时间和进度，从而实现"学习自由"，并将这一教育理念在柏林大学又称洪堡大学中加以推行，成为最早实行选修制的高等学校。

被誉为"现代大学之母"的洪堡大学的建立标志着学分制萌芽的产生，但是将这一制度真正发扬光大的却是美国。美国没有像欧洲一样受到传统文化影响，同时，由于各国移民带来多样化的高校办学模式，使得美国高校模式也呈现多样化。1772 年，美国第三任总统，《独立宣言》的起草者托马斯·杰斐逊（Thomas Jefferson）首先将选课制引入威廉玛丽学院，并在其晚年创建的弗吉尼亚大学创建了比较完善的选课制管理模式。在弗吉尼亚大学，不同学科规定了所学课程，攻读学位的学生可在其中任选一组，要获取学位必须修完全部学位课程且达到课程要求，没有预备获得学位者可以自由选取所学课程。19 世纪下半叶，哈佛大学的校长查尔斯·威廉·艾略特（Charles William Eliot）发表了"智力上适者生存"的理论，认为应充分认识到人的能力、素质等差异性，学校不是为了填平个体的差异，而是对每个学生的爱好和特殊才能给予其充分发展的机会。对于此理论，艾略特在哈佛大学引入选课制并大力推广，最先提出了学分制概念。所谓学分制是指学生学习量的计算单位，围绕学分构建了一整套同选修制相适应的高校教学管理制度。最终，能够满足社会经济快速发展变化、学科专业日趋复杂化的学分制在全美高校中确立，并占据了主流，到 19 世纪中叶，美国各高等学校大都采取学分制来管理高校教学活动。

20 世纪初，美国传统英式高校采取的导师制、积点制教学管理模式，以及资助和审核制度等传统所谓"老欧洲"高校管理制度，在与学分制的并行运用中，逐步融合，并不断创新完善，随着美国科技、经济实力的独步天下，又反哺"老欧洲"，进而推广至全世界。同时，美国在学分制的实践中，依据社会经济发展，不断加以调整，仍以哈佛大学为例，学分制从最初选课制，经历自由选修、有条件选修、"全面发展的要素结构制"等发展阶段，现已发展为选择"专业领域"，即学生可以自由选择学科范围和专业领域，并且在求学阶段，学生可以改变已选专业领域，但要获取所选择的专业领域学位，在申请学位之前，必须符合该专业需要学习的课程、学习年限、每学期课程设置的门数及课程考核的要求。

由此可见，学分制在百余年发展历程中，是不断依据社会经济发展所需加以调整并逐步完善的。在将其成功推行并创新成功的国家，都是当时经济及科技位列世界前列的国家，其原因有两点：一是只有社会经济发展迅速、变化较大的国家才对人才多样化具有较大需求；二是高校培养的人才能充分满足社会经济发展所需，就能进一步推动其发展，这两者是相辅相成的。

（二）国外高校学分制发展模式

1. 美国模式

美国人强调个性，实行通才教育，提倡"个人本位"的思想，所以弹性学制在美国高校中的实行自由度较大。

美国高校拥有很丰富的选课方式。主要有四种：第一种是初期实施的全开放的选修制，除英语和外语等极少数的必修课，其他的课程都是选修课，学生达到了毕业所需学分即可毕业，实施此类制度的美国高校极少；第二种为半开放的选制修，在美国，要获取工学学位，必须完成本专业要求的必修课学习，必修课及专业必修课的比例超过毕业所需学分的一半以上；第三种是主修、辅修并行制，主修专业是指当下学习的本专业，辅修专业是在读期间又选修了另一个专业，两个专业同时学习；第四种是分组选修制，本科教育的前两年除学习本专业的基础课程外，还通过选修其他专业的基础课进而丰富自身的基础知识，达到兼容并蓄的目的。如耶鲁大学的文理学院采用分块选修制，创设了多门通选课，且规定选修的通选课学分不得低于选修专业课，保证学生的基础教育质量。

2. 英国模式

英国大学采用学分制和学年制两种教学管理制度共用，仅小部分高校采用学分制。有的专业不同年级采取不同的管理方法，如英国理工学院等高校，新生进校的前二年实行学年制，第三年进入专业学习阶段后，开始以积点为计算单位，实行学分制管理方式。

但英国大学即使是实施学分制，也和传统的学年制区别不大，一是体现在选修课程比例过低，一般只占总课程的 20%，二是选修课程数量过少，部分高校所开设的选修课全部是指定选修课，并没有开设任选课。近年来，英国各高校为了顺应经济社会发展所导致的人才需求多样化趋势，通过增设任选课、试行学分制等方式逐步提升高等教育灵活性。

3. 法国模式

法国最负盛名的高等专科学校如艾塞克高等经济商业学院等仍是实施传统的学年制，确保精英教育的培养质量。一些承担起大众化高等教育任务的综合性大学在本科教育阶段采用学分制，实施的是两阶段模式，第一阶段是基础教育阶段，主要安排素质教育课程、学位基础课程及少量专业基础课程，时间为两年。第二阶段为专业学习阶段，在此阶段部分法国高校采取证书制，如在巴黎第四大学现代文学专业，只有在学生获得 3 个必修证书及 1 个选修证书后方可授予学士学位，一个证书保护多个 3~4 学分的课程，相比学分制，证书范围更宽。近年来，法国大学也开始实施学分互认制度，学分既可专业互认，以助学生攻读双学位，更可以校外学分互认，有助学生校际交流。

法国的高校一向以高淘汰率著称于世，其淘汰率在第一阶段可达 50%，第二阶段也高达 40%，以此来确保法国高等教育人才培养质量。

4. 德国模式

德国大学仍遵循"教学自由"和"学习自由"的精神，其教学管理模式具有较大的灵活性，通常采取课时制或周学时，各高校依据各校实际拟定的专业培养计划，只要求毕业所需的学分和相应的实践部分，学生依据专业培养计划自主拟定学习方案，自由决定上课时间，自行确定学习进程，但是，德国高度重视课程质量，课程考核异常严格，绝大多数课程必须通过考试，这种方式虽确保了教育质量，但是，学生往往因一门或几门课程不能通过考试而延长学习时间，在德国学生学习年限往往比规定的要长，本科学业时间长达八九年的比比皆是。这种自主学习和严格考核相结合的教学管理模式，在满足学生多样化需求的同时，也确保了德国高等教育的国际声誉。

综上所述，欧洲受传统文化影响，其学分制实施范围较小，基本未采用美国高度自由和灵活的学分制，但目前实施的"欧洲学分转换系统"，打通了欧洲各高校的学分制度，不同高校的学分可相互转化和累积，获得了欧洲高校的广泛支持，大大促进了欧洲各国学生在不同国家的流动。

## 二、国外高校弹性学制的特点

学分制是大学教学管理制度中的一种，与国家的传统思想和文化等息息相关，更与一国社会发展状态及所处环境紧密相连。因此，弹性学制在百余年的发展过程中呈现出多样化特征，从总体而言，可概括为以下特点。

（一）学分制更加灵活多样化

从美国及西欧国家的学分制实践可以发现，各国推行的学分制各不相同，并没有一种固定的、四海皆通的模式，欧洲发达国家在固守其高等教育传统的同时，吸收了学分制的精华，应用于学分转换系统，更多体现为学生的国际交流；日本在推广完全学分制失败后，转为学年学分制，以适应其文化传统；美国也只有少数高校实施完全学分制，其著名高校对授予学位都有较高要求。由此可见，实施学分制首先要考虑该国历史文化传统及社会经济发展状况，具体到高校，则依据高校自身状况，结合学科专业特点，制定符合国情、社会需要、专业特点的学分制管理模式，切不可照搬照抄。

（二）确定科学的选修课比例及标准

学分制提供了富有弹性课程体系，学生可依据自身的兴趣、爱好、长处等因素，在导师的帮助下，拟定教学规划，自主挑选专业、课程、授课人、课程时段、修读年限、学期等内容，在学习期间，还可依据实际状况，进行专业、课程、速度的调整，为学生提供较为宽松的学习环境，有利于学生的全面发展。但同时，如何保证教育质量，确保学生修习与专业相关的课程，避免滥竽充数，也是需要重点关注的内容。

（三）在发展通识教育的基础上增强基础教育

在信息化社会，专业知识更新速度极快，为保证学生在社会上的竞争力，适应人才市场需求变动，这就需要培养学生较强的知识迁移、转换、适应能力，国外高校的通行做法主要是加强基础知识教育，因为，基础知识的稳定性能保证其有较长更新期，学生具备丰富的基础知识，可确保其快速适应人才市场的变化；同时，注重素质培养，发达国家的课程安排已实现通识教育课程全面覆盖整个学业时间，通过素质教育，开阔学生视野，促使学生素质得到全方位的提升，已被各国认可成为共识。

（四）强化高校间合作，实现学分互换互通制

学分互认、学分互换已成为当今国际高等教育潮流，不仅校内专业学分互认，打通专业壁垒；更有校际互认，优化不同大学教学资源；日欧等国家大学推行的学分国际互认，更促进了学生的国际交流。

（五）从学生的角度出发，增强实践创新能力的培养

美国斯坦福大学科技园的成功让人们认识到大学创新精神培养的重要性，当今时代，创新已是一个国家核心竞争力的重要组成部分，为此，发达国家

高校通过各种方式积极培养学生创新精神，其中，建立在学分制基础上的产学研合作教育已成为一种被证明极为有效的模式，如斯坦福大学，学生可以自主安排修学时间，在求学期间到公司实习、工作甚至自主创业都被允许，并得到学校支持。

（六）完善导师制，充分发挥导师的作用

各国高等教育实践证明，高中生进入大学后，会有一段时间的调整适应期，如果一进校就开始自由选课，会导致新生盲目选课。正是因完全学分制的这一弊病，导致实施这一制度的部分美国大学教育质量下降。为此，部分美国大学参照了英国的导师制，完善完全学分制的缺陷。通过招聘学术水平较高、授课经验比较丰富、责任心强地教师作为新生导师，指导新生合理选择课程，安排课程进度，缩短大学新生的适应期，培养其自主自立能力，最大限度地避免了完全学分制的问题。

（七）注重过程管理，完善目标管理

国外高校高度重视学习过程，考试合格与否仅作为获取学分的必要条件，学生在课堂上的表现、课程论文的撰写及课程实验实习都是能否取得学分的关键所在，目前已形成了一整套过程评价和结果评价相联系的课程评价体系，能够较为科学客观地评价学生的学习绩效。

# 第三节 我国弹性学制的需求分析

## 一、弹性学制：高等教育服务—消费时代的需求

（一）高等教育学生（需求者）的新特征

高校逐渐实施成本分担理论，学费就成为高校经费较重要的组成部分，学生和高校的关系也由此发生了变化，出现了对高等教育需求的新的时代特征：

1. 学生（需求者）从单纯的"受教育者"变成"受教育者"和"消费者"的双重统一

高等教育服务消费理论认为，学生缴费上学已改变了高等教育产品的本

质。高等学校若是不让学生缴纳费用，并提供相应数目的资金当作奖学金、助学金补助学生在校学习的种种费用，因此高等教育产品观才觉得高校产出的是人才，学生是完全的"受教育者"。

不过，高等教育慢慢践行成本分担政策，接受高等教育再也不是"免费午餐"。学校的财政情况由学生缴费上学而使其显著改变，学费收入成为高等学校经费的主要来源。这类经济事实使原来的产品观得到了改变，他们缴费的目的变为了购买教育劳务。高等教育服务消费论认为高等教育生产的是教育服务，而不是人才。教育行为是作为劳动者的教师，供给学生用于提高或改善素质及修养的服务消费品，学生希望通过教师的培养，让自己在未来能实现更高的个人价值。

现今随着经济的发展、时代的进步、消费观念的变化，大学生们也受到影响，在其受教育者身份之外，又新增了消费者的身份，他们将各种知识的载体视为消费品，如面授课程、实地参观、网络教育视频等，通过不同的消费品获得想要的知识，本质上也是获得自身需求得到满足的行为。学生缴纳求学费用，成为高等教育服务产品的购买者和消费者，学生作为顾客，是教育服务的消费主体。因而，学生角色地位也从单纯的"受教育者"转为"受教育者"与"消费者"的双重统一。

2. 学生（需求者）有自主的消费选择行为

作为"受教育者"与"消费者"的双重统一，学生不仅是遵循教育学习规律的学习者，同时也是符合消费者行为规律的消费者。消费者行为理论认为：消费者是"经济人"，他们的唯一目标是使自身经济利益达到最大，决定消费选择时通常是理性的，而不是非理性的决策。

大学生作为高等学校所提供服务的消费者，不再只是受教育者，他们切实关心学校提供的服务是否能够使自身利益最大化，并要求有权自主选择学校、专业、课程及任课教师，并在入学前会对学校进行详细的调查，诸如教育质量、未来就业情况、优秀科系和名师、公共设施配置、奖学金制度等。欧美等市场经济国家的特点就是消费者选择，学生一般可以在公立或私立或其他形式的高等教育系统中选择适合自己的大学、科系、专业，这和消费者通过比较购买商品类似。院校通过相互市场化的竞争，最终使教育资源得到优化，这既提高了学校的竞争力和质量，学生也获取了自主发展的机会，可以充分受到教育，国家最终也会因此受益。

3. 学生（需求者）与学校形成新的"契约"关系

学生是高等教育的消费者，和高校之间存在着教育契约合作关系。这种关系的确立与认同主要是通过两者之间物质、情感和文化的交流。日本学者兼子仁认为，在现行的教育法制下，公立学校和学生的关系与私立学校和学生的关系具有相同的本质，属于教育契约关系，在具体的情况下，契约当事者在广泛的范围内具有决定契约内容的自由，表现为学生及其父母一方，便是教育上的要求权、参加权等积极性权利的能动发挥。这表明了教育契约关系也体现了教育消费者的部分权利。因此，维护教育消费者权益，也符合双方的契约关系。

学生和学校之间因契约关系，教师和学生已不再单纯的是教育者和受教育者的关系，而是一种被消费和消费的关系，教师和学生形成一种新的相互影响的关系，这就要求教师重新认识学生，学生不再是单纯的受教育者，反而兼具消费者属性，教师必须更新认知，变换观念，不断提高教育服务质量，应对学生新的需求。

这种新的"契约"关系使高校对学生需求的反应出现了新变化，即"按需办学"的趋向。高校的服务性质在21世纪以来更加鲜明，因而高校要体现一种服务的意识，在教育教学上体现为为学生服务的意识。高等教育的基本职能要从原先为社会服务转变为学生的发展服务，高等教育评价标准变为从学生是否需要、是否满意作为价值取向。

（二）高等学校应对学生需求新特征：弹性学制

从高等教育产出观念出发对高校学生（需求者）特征进行明确的比较。服务消费观把握了高等教育需求者的新特征，是切合当前时代的理论观念。这种学生既是受教育者又是消费者，教师与学校一起作为整体生产者的角色转变，使其必须改变传统教学观念。学生成为高等院校提供服务的消费者，不仅是接受教育者，还是"经济人"，有权选择学校、专业、课程及任课教师等。弹性学制这种比固定学制更为灵活，更尊重消费者的教学管理制度正好呼应了高等教育服务消费观，符合高等教育需求者在新时期的特征，因而推行弹性学制成为必然。

## 二、弹性学制与教学制度的选择：消费者权益

高等教育收费政策实施，使得学生通过付费取得教育服务产品的消费权，学生成为高校的"公民"和顾客。作为消费者，他们的需求不再只局限于有机会接受高等教育服务，而是将更进一步关注教育服务质量和管理水平、宽松程度、各种公共设施、奖学金等，采取多种表达方式，保障他们的利益。对应这种消费需求高级化过程，高等教育服务形式和结构同样应该跟进。因此作为学校也应顺应教育制度发展的新趋势，建立为消费者服务的观念，进行改革，不断提升自身的服务水平。

### （一）"消费者主权"与"生产者主权"

自由主义经济学家弗里德里希·奥古斯特·冯·哈耶克（Friedrich August von Hayek）（1899—1991）认为市场价格关系中最重要的原则是消费者主权。这里所说的消费者主权，用来阐明生产者和消费者之间关系的概念。消费者主权的核心在于消费"自由"和"选择"，消费者根据自己的喜好选购所需的商品，而商品在市场上的表现，让生产者根据消费者的反馈安排生产，提供消费者所需的商品。消费者主权表明对消费者理性的信任。消费者主权主义者认为消费者除因观念、学识等自身的能力因素外，不应有外力妨碍或替代其自主的选择，而生产的活力来自消费者，当消费者为自己选择最佳的服务计划时，生产者的行为也将被引导得更加理性化。可以说，消费者的意愿将形成货币选票，促使生产者按需生产及生产数量，说明在经济社会中是消费者主权主导生产者主权。

"生产者主权"与"消费者主权"相对立，说明生产者对消费者产生影响，生产主要由生产者说了算，在生产者主权制度下，消费者选择的余地很小。在生产者主权制度下，生产者垄断利益被保护，而消费者的利益则被受损害。在市场经济条件下，消费者主权是一种较为合理的选择，只有建立基于消费者主权的市场机制才符合大多数人的利益。

### （二）弹性学制："消费者主权"精神的体现

高等学校传统的固定学制从经济学的角度来说，实质上是一种同质性服

务，其统一的规定使学生缺少选择的余地和自由，体现的是"生产者主权"，而弹性学制则符合"消费者主权"制度。教育是一种智力投资，按照自由选择、自愿交易、契约公平的市场原则运作能够使交易双方获取各自利益。从投资和消费角度看，对消费者投资的经营，是最大程度上尊重消费者权益的表现。投资者追求更高的回报，消费者追求更满意的消费，这是一个追求参与者自身利益最大化的机制。在弹性学制中，学生可以自由选课。学生在教学计划的指导下，依据自己的兴趣等因素选择必要的课程和专业，调整学习内容及方法，选择什么、不选择什么取决于学生的判断；学校、教师可以帮助学生进行判断，为学生提供咨询服务，也可以与学生共同制订他的培养规划，但这不可以让学生违背自己的意愿，而且可根据学生的希望和个人需求，在学校间寻求交流合作，让学生的发展得到满足。同时对于学生修读的课程，采取考试的方式来评价教学结果并完成学籍管理，考试合格则取得学分，未合格则可以选择重修或另选另考，等到考试通过获得同等学分结束。这样的学习气氛较为宽松，学生拥有较大的灵活性和自由权。这些制度规定都体现了"自由"与"选择"的精神，更是建立在对学生的信任和尊重上，其利益得到了最大体现以及保障①。

另一方面，人们反对选课制并非认为没有选择的必要，而是对于学生能否做出合理的选择持怀疑态度。但学生们的态度说明了对消费者主权和理性尊重是必要的。消费者可能会因为信息的缺失导致选择的失误，而弹性学制在对消费者主权保持尊重的同时并没有忽视掉消费者的弱点和消费者错误选择的可能性。弹性学制中导师制的安排正是帮助他们掌握更加贴近事实更加充足的信息，以帮助学生们做出最佳的选择，而并不是简单的替代他们做出选择。

### 三、弹性学制与因材施教：消费者的个性化需求

#### （一）消费者行为的个性化

改革开放以来，我国经济发展成果显著，而由此促成的消费呈现出多层次性，消费品的供应种类繁多，消费者个人喜好充分表现，由此使得消费追

---

① 蓝秀华. 中国高等教育收费制度变迁研究［M］. 青岛：中国海洋大学出版社，2012：126.

求更加突出个性。消费的个性化，不单单为消费追求层次差别，更表现为即使在相同层次上，消费行为就存在着巨大差别。相同的消费现象逐渐减少，消费者以往的从众心理有很大改变，这导致消费者有着更多的个性化差异。

西方营销理论表明，消费者的需求可以大致分为以下几个阶段：第一，量的消费时代；第二，质的消费时代；第三，感性消费时代。消费时代的大部分感性消费充分体现了消费水平个性化时代的出现。个性化的消费要求产品要有个性化的特点。如高档汽车、高档别墅、名表等体现社会地位和个人成就的个性。总之，消费者需要的产品可以体现出不同年龄段人的个性成熟程度；体现出不同职业在社会地位上的个性化特点；满足实现自我价值的需求；满足特殊消费癖好的个性等。

（二）弹性学制：差异性服务个性化空间

如今，在消费品丰富多彩的时代，高校面临的"资源约束"越来越宽松，面临的"需求约束"则不断增强。学生作为消费者对学校提供的服务的质量、价格以及方式等呈现出多样化需求，注重的不仅是服务产品的数量和质量，更重要的是其与自己关系的密切程度。但学校提供的产品区分度不高，相反服务产品相差不大。从这个角度来说，学年制是一种同质性服务，而弹性学制则提供差异性服务，为学生的个性化发展提供空间。

弹性学制比较明显的特点是遵循不同的个体差异，满足学生个性化发展的需要。现代科学技术的高度复杂性和信息经济发展的丰富多彩的现状，致使高校必须顺应潮流，培养能够适应新领域的人才，随着社会的进步，学生也提出越来越强烈的个性化发展需求。由于遗传和环境各方面因素的影响，个体差异是客观存在的，个体差异包括个人智力、气质、兴趣、性格差异，以及个体之间想问题的广度、深度等都有所不同。因材施教则是需要按照学生的心理发展水平，对不同学生采取不同的方法及要求进行教学。弹性学制是允许消费者自主选择合适的专业，自主选择感兴趣的课程，适当调整学习的内容，用合适的方法，优化自身的知识结构，特别是在"大众创业，万众创新"的时代背景下，实施弹性学制，不仅符合因材施教的要求，而且有利于学生的个性化发展，合理安排学习进程，促进学生全面身心发展，能培养不同类型的适合社会需要的双创人才。

## 第四节 高校弹性学制的教学管理机制探究

### 一、教学管理的结构调整

弹性学制下的高等学校内部管理应有相应的结构调整，使教学管理更灵活，更高效。

（一）教学计划管理的弹性

弹性学分制培养方案的制订必须遵循以下原则：

1. 科学定位，彰显特色

根据人才培养目标，按照已有学科与办学条件，明确不同专业人才培养的具体目标和特点要求，结合学科和社会发展对人才需求的不断变化，加强学科专业内涵建设，挖掘相关行业资源优势，设置特色课程，努力形成较强的专业特色。

2. 通专结合，协调发展

按照"增强通识教育，强化学科基础，提炼专业核心，增加专业方向"的总体思路，进一步完善课程体系，加强在通识教育前提下进行宽口径专业的培养模式。初期着重强化基础教育，发展通识教育；后期发展专业教育，加强专业灵活设置。

3. 优化结构，更新内容

从专业教育的内在逻辑出发，加强整体优化，研究课程之间的关系，结合专业认证标准和人才培养要求，进一步加强课程设置，将新成果运用到培养方案之中，完善科学的课程体系，及时更新教学内容，体现学科的最新进展。

4. 强化实践，提升能力

强化实践教学，全面推进实践教学内容及方法改革，重点增强研究性课程、双创训练项目的建设。要依托专业特色，鼓励各专业进行社会调查和现场实践活动，从而增强实践教学，进一步加强教育教学和社会实践相结合，突出对学生创新意识、实践精神的培养。

5. 因材施教，分类培养

根据不同学生受教育程度的不同，在课程安排、教学环节等方面，要尊重学生在能力、兴趣、发展方向等多方面的差异，实行不同方式的培养，为学生的发展创造条件，做到因材施教，促进学生的个性化发展。

（二）教学大纲管理的细化

每个专业都要制订符合弹性学制要求的教学大纲，大纲应包括课程授课时数、学分、选修课条件等，方便学生查询，学生能依据教学大纲正确选择本专业课程。全校所有课程应有课程简介，内容包括：课程名称、编码、学分、前置课程、关联课程、课程内容等等，课程简介作为教学计划的附件，应汇编成册或进入数据库，作为选课的依据，供导师和学生查阅。

（三）教学过程管理个体化

学生依据弹性学分制的培养方案，结合自己的实际，在政策允许的情况下，能进行以下四方面的自主选择：

1. 自主选择学习课程（层次）。学生学习课程分成必修课与选修课，学生依据自己专业培养方案选择各类课程。

2. 自主安排学习进程。根据导师指导，学生按照一定课程的选择顺序，对培养方案中一些课程安排进行改变，提前或延后学习有关的课程。如果课程有先、后修读的逻辑顺序，则要按照先后顺序进行学习，在先选的课程中得到相应学分之后才能选修后面课程。

3. 自主选择听课方式。学生参加学习后，除了"思想政治理论课"、体育和实践教学外，均可自由选择听课方式，但需要完成相关作业，并参加考试，按相关规定办理手续。

4. 自主选择任课教师。当有两位以上的教师同时开设同一门课程，学生可根据自己的需求选择其任课教师。

（四）课程考核规范化

弹性学制下，为准确评价学生的学习成效，有必要建立规范的试题库，严格考试纪律，确保不同时间、地点、学习同一课程学生考核标准的统一性，改革过去的补考或重修制度，必修课程未及格则必须重修，选修课程未及格则可重选重修，也可放弃该课程而改选其他课程，而实践教学课程则必须跟班重修。

学生课程考试通过，如果希望继续深入学习或对成绩不满，也可以重修。

（五）学籍管理的灵活性

实行弹性学制必须构建全新的学籍管理制度，弹性学制下，学生可以在一定时限内完成相应学业，学有能力者，可以提前毕业，学习困难或有其他因素影响而不能正常毕业的学生，可以延迟 1~3 年毕业，部分难以达到学业要求的学生，可以劝其退学或申请更换专业。

（六）教师与学生管理专门化

学校要按照双向选择的原则，给学生配备学业导师或指导小组，帮助学生对自己的职业生涯进行规划，确定适合的修读方向，制订相应的学习、选课计划，安排学习的进程；引导学生参与科研训练；帮助学生培养健全人格；对学生做出相对应的指导。同时，学校规定学业导师的任职资格、工作内容及职责，学生可实行"双班级管理"，专业班级与教学班级，实行班主任制和导师制两重管理。

（七）教学质量的目标管理

弹性学制更注重目标管理，日本在推行全面学分制时期，就因为未建立适应灵活、动态教学管理特点的弹性学制质量监控体系，为避免培养质量下降的情况，只得退而实施学年学分制。为此，需要构建满足动态教学管理特点的质量评价监控体系，如教师资格、课堂质量、学生学习信息的收集反馈和标准化考核制度等。


## 二、教学资源的配置调整

（一）优化学生与教师资源组合

在弹性学制下，不仅学生可以对专业和课程自由选择，还可以对教师自由选择，这种选择实际是对高校人力资源重新调配。这种做法的意义在于：一方面，学生依据自身要求选择教师，其学习积极性更高、主动性更强，课堂教学效果有明显提高；另一方面，教师必须主动提升自身综合素质，优化教学内容，采取多种教学手段，以吸引学生。同时，学校在资源分配上可以按照为学生开出的课程数和学生选课结果进行资源配置，如在教师的各类津贴中，大幅度地提高单位课时津贴，课时津贴不再和职称挂钩。只有这样，才能大大调动院、系、教师的开课积极性，促使教师钻研教学，开新课、上好课，使有限的资源发挥最大的效益。

（二）优化学生与专业、课程资源组合

传统教学管理模式下，高等学校为学生制订了教育日程，并严格按照日程有条不紊的推行。这种教育项目尽管看起来很完美，但没有关注学生的需求和愿望，构成了对学生的身心和文化侵犯。更多时候，学校开设的课程常常忽视了学生的需求。学生学习这类课程的积极性和主动性极其低下，知识面和专业领域不能满足社会需求，就业竞争力及职业适应性较差。同时，学生的自主选择也将那些不适应学生需求的课程自然淘汰。

（三）优化教育保障资源

弹性学制的实施对教学保障资源提出了更高的要求：教室的数量需求增大、规格多样化、使用时间延长及科学维护办公设备等；提高开设新的学科所需的设备的数量，及时更新并适时补充现有设备。例如，实验室、计算机室等一些仪器设备；图书馆、学科实验室、实践基地、微机房等都是学生学习获得知识的重要基地。实施弹性学制后，这些场所要进行开放式管理，学生随时可以到这些地方学习使用。这些部门的管理人员，要改变服务方式和工作时间。工作量的统计标准与以往也有着很大的差别，通过将这些地方的管理人员的收入和工作时长、服务质量挂钩，调动这些管理人员工作积极性，配合学生自主选修课程、自主安排学习需要。

（四）网络化管理满足了弹性学制在教学管理需求最优途径

只有建立使教学计划管理、学籍成绩管理、教学资源管理等多方面为一体的弹性学制信息管理相应系统，才能及时收集处理多种教学管理信息，并实现网络资源共享，充分满足弹性学制动态管理的相应要求。

## 三、教学质量的评价调整

根据《教育大辞典》的解释：教育质量是指"教育水平高低和效果优劣的程度"，并"最终体现在培养对象的质量上。"弹性学制对高校的质量评价调整集中于两方面。

其一，弹性学制的质量效益表现在培养对象的质量上。弹性学制的实施背景是为了适应人才培养的多样化。推行弹性学制后，新生入学时就能明白整个专业培养目标和课程设置概况，能根据自身的特点，在导师的指导下自主地设计专业发展方向、选择课程，制订相应学习计划。在学习进行过程中，学生可根据情况适时改变调整学习目标，体现了学生的主体地位。学生如果学习精力足够可以提前毕业或者选修多个专业课程；学习困难的学生可以根据实际情况适当减少课程数量，减缓学习进度，延长学习时间。这些都能促进学生的内驱力，激发学生的动力，最大限度地发挥每一个人的潜能①。

实行弹性学制的过程中，学生可依据兴趣爱好，选择自己喜爱的课程。同时，教师按照不同学生的特点采取不同的教育方法，给予学生宽松的学习环境。学生可从成功中得到激励，使得自信心得到增强，确信能实现自己所追求的目标，这种自信心会产生新的激励力，有利于调动学习的主动性，进一步优化知识结构，发展学生个性；有利于复合型人才的培养，以满足当今社会对人才多样性要求；有利于提高学生毕业后社会适应能力和自我持续发展，增强学生竞争力。

其二，学生可以选择教师将进一步督促教师研究教学，拓展知识领域，跟上科技发展的步伐，不断提高教师的教学水平，并让教师中的优秀者能充分发挥其创造性的才能，最终提升学校师资队伍水平。同时，在弹性学制条件下，由于新增大量的选修课，促使新课程的急剧增加、课程包括的范围的扩大和课程类型的增加，使教师将新知识、新成果、新技术不断充实到教学内容中来，从而推动教学与产业和科研的结合。

---

① 梁育科，苟灵生，王兴亮. 高等院校内部教学质量保障体系研究与实践［M］西安：西安交通大学出版社，2017：48.

第十章

# 高校教学管理去行政化研究

## 第一节　高校教学管理去行政化概念界定及理论基础

### 一、高校教学管理去行政化的界定

（一）高校教学管理去行政化的概念

为了消除高校教学管理的"行政化"的负面影响，必须对其进行"去行政化"。所谓高校教学管理的"去行政化"，是指高校在教学管理中以淡化行政级别、平衡行政权力与学术权力为基础，引导领导干部及其他行政人员围绕"学术中心"，增强"为师生服务"意识，做好本职工作，和教师一道服务于学生的成长成才。高校教学管理的"去行政化"，要求高校主要领导、部门负责人及院系负责人切实转变观念，强化宗旨意识和服务理念，把该担当的责任担当起来，把该放下的权力放下去。高校的行政人员把工作思路和重心转移到为教学、科研做好服务上，寓管理于服务之中。在高校教学管理的"去行政化"过程中，要注意摒除"长官意志"与"官僚作风"，强化内部"民主平等协商"，加大对行政管理人员的培训与引导，让他们找准位置，为本校发展做出更大贡献。知识工作者特别崇尚自由、平等、民主，要把管理者与知识工作者当作平等的同伙人、自己人，而非上下级关系。高校既要注意弘扬学术权力，又要防止削弱行政管理使学术权力摆脱行政权力的制衡，从而助长学阀习气和作风①情况的出现。

（二）高校教学管理去行政化的本质要求

高校教学管理去行政化的目的都在于构建现代化的高校内部治理结构，使学术与行政正本清源，各归其位，各司其职，确立学校本位、学术本位和学者本位，落实教学中心地位，使学术创新和活力如泉喷涌。其价值追求就是培养更多的高级人才，取得更多的科研成果，促使高校的学术实现良性的跨越式发展。高校教学管理行政化并不取消行政管理部门、去掉行政管理，而是要实现行政管理的转型、升级和优化，努力推行符合人才成长规律的公平公正的教学行政管理。

## 二、高校教学管理去行政化的理论基础

（一）管理模式相关理论

为了实现高校教学管理去行政化，需要学习管理模式理论、系统原理以及效益原理等理论，借鉴国外经验，促使高校构建符合自身发展的教学管理体制。

管理模式理论认为，管理是指在一定的环境中，组织通过对其所拥有的资源进行有效的计划、协调、领导和控制，以达成预定目标的过程。管理模式则是管理者所采用的基本管理思想和管理方式有机整体，是一种可以供人直接运用的完整的管理的体系，组织凭借这个体系能够达成预定的目标，真正的、现代意义上的管理，都要通过管理模式来进行。也就是说，管理模式是指能够帮助管理者发现和解决管理过程中可能或已经出现的问题，完善管理机制、规范管理手段，达成管理者预定目标的一整套的具体的管理理念、管理内容、管理工具、管理制度以及管理方法。纵观古今中外，管理模式大致可以分为四种形式，即传统模式、人际关系模式、系统模式和现代人本主义管理模式。传统管理模式侧重于组织内管理体制和管理技术的提升与完善，强调组织内部的正式团体建设或非正式团体的改进，目的在于提高组织的效率，对员工实行平等式的管理；人际关系模式注重优化配置的组织的各种资

---

① 窦衍瑞. 现代大学制度研究 ［M］. 济南：山东大学出版社，2016：144.

源，以便发挥组织的最大效能；系统模式侧重组织的整体性和目标性，它强调人与人之间、人与部门之间、部门与部门之间的整体协调、和谐相处，建议对员工实行协作互动式管理；现代人本主义管理模式强调以人为中心，强调尊重人的主体地位，实现人的价值，认为这是调动员工的工作积极性、实现管理目标的关键之举。很显然，高校是一个标准化的现代组织，具备管理模式的一切要素，需要吸取管理模式相关理论的智慧，比较管理模式诸多有益做法，扬长避短。

（二）系统原理

系统原理是指人们在从事管理工作的时候，运用系统的观点、理论和方法对管理活动进行分析以达到优化管理目标、提高管理效益的目的，即从系统论角度认识和处理管理中出现的问题。系统原理要求管理者从组织整体出发，按照组织的系统性特征要求，注意把握系统的运行规律，对管理各方面的诸关系与要素做系统分析，进行系统优化，并按照组织的活动效果与社会环境的变化，及时调控组织系统的运行，最终实现组织目标。

系统原理认为，凡组织都是一个系统，二者是相同的。系统是由若干相互联系、作用的要素组成，具有一定的结构和功能，并处在一定环境下的有机整体，要素、联系、结构、功能和环境是构成系统的基本条件。要素是指构成系统的基本成分，它和系统是部分与整体的关系，且具有相对性。一个要素对由它构成的系统而言才是要素，而对构成它的组成部分而言则是一个系统。联系是指系统要素与要素、要素与系统、系统与环境之间的相互作用关系。联系反映了系统内部诸要素不断关联以及它们的运动、变化与发展，是系统创新发展的力量源泉。结构是指系统内部各要素的排列组合方式，凡系统都有自己特定的结构，结构规定了各个要素在系统中的地位与作用，系统的整体功能取决于结构，结构的变化影响系统整体的发展变化。功能是指系统与外部环境在相互联系和作用的过程中所产生的效能。系统的功能本质是系统与外部环境之间的物质、能量和信息的交换关系，它取决于过程的秩序，如果过程混乱无序就无法形成一定的功能。环境是指系统与边界之外进行物质、能量和信息交换的客观事物的总和。系统的运行能引起外部环境的变化，系统外部环境的变化也会引起系统的变化，任何系统都必须适应外部环境，与外部环境和谐共处，否则，将无法生存与发展。

（三）效益原理

效益原理认为，是指组织的各项管理活动都以实现有效性、追求高效益作为目标。它强调追求高效益是组织的本质和存在前提，没有效益就没有组织，原有的组织也会解体。效益原理强调，现代社会中的组织活动部应该成为一种有目的的活动，这种活动都要努力追求高效益。效益及追求效益的能力体现组织的综合素质与发展前景。效益原理最关注的组织是企业，它认为影响企业效益的因素有很多，如企业的科学技术水平、管理水平、资源消耗，以及对这些资源的配置和优化等。效益原理对企业管理的启示是：管理的目标就是追求高效益，科学的发挥能使企业充分利用资源，并给企业带来高效益。反之，落后的管理就会造成资源的损失和浪费，降低企业活动的效率，影响企业的效益。效益原理给我们的启示是：只要是组织，就必然存在管理，都要向管理要效益，树立效益目标，包括经济效益与社会效益等，作为组织之一的高校，教学行政管理活动必须走科学化之路，以便谋求良好的高效的社会效益及经济效益。

## 第二节　我国高校教学管理的职能和要素

### 一、高校教学管理的职能

（一）高校教学管理的概念

所谓高校教学管理是高校及其管理者，以人才培养方案为基本准绳，通过一定的管理手段与方式，使教学活动及相关的学术活动达到其人才培养目标的一个重要过程，是维持正常教学秩序的保证。高校教学管理与其他教学管理、政府部门的管理的显著区别是，它以教学为中心，以高水平的教学质量为目标，以科学管理为主线，不仅具有政府行政管理特征，还涵盖一般教学管理，是兼有行政管理和学术管理的教学管理。高校要实现提高教学质量、培养合格的高校专门人才，必须遵循教学规律，建立健全教学管理机制体制，走科学化的管理道路，方能提高教学管理工作的有效性，实现既定目标。

　　根据我国教育部印发的《高等学校教学管理要点》和我国当代高校的现实情况，狭义的高校教学管理是指高校承担教学管理职责的职能部门与院系所实施的对教学活动与过程的指导、管理和监控等一系列专门活动，包括教学计划管理、教学运行管理、教学质量管理与评价，以及学科、专业、课程、教材、实验室、实践教学基地、学风、教学队伍、教学管理制度等教学基本建设的管理。广义的高校教学管理是指高校为了保证其教学工作有条不紊、高效的运行的所有活动，它不但涵盖了狭义的高校教学管理，还涵盖了对教学管理活动、教学服务活动的监管和督查，几乎囊括了高校对其内部一切活动的监管和督查。一般来说，高校为了实现教学管理的系统化、有序化都会制定相应的制度来规范各种教学行为，提高教学效益。高校教学管理制度是指高校依据国家有关法律法规、教育政策，以及高校自身的章程、规划制定的，高校教学活动必须遵循的规章制度和行为准则。高校教学管理制度对高校的行政人员、教学人员，包括校领导、职能部门管理人员及工作人员、院系管理者与工作人员，以及其他所有职工都具有普遍的约束力。高校教学管理制度是否协调、合理与系统，既是高校设立内部管理机构的基础，同时也是高校教学管理水平与教学管理效率的反映。高校教学管理制度主要包括制订并完备教学基本文件，如教学计划、教学大纲、学期进程计划、教学日历、课程表、学期教学总结等；还包括学籍管理制度、成绩考核管理制度、实验室管理制度、排课与调课制度、教学档案保管等制度、教师和教学管理人员岗位责任制及奖惩制度、学生守则、课堂守则、课外活动规则等学生管理制度。高校教学管理内容是从高校教学管理制度延伸出来的，此外还应包括对高校教学所需的所有资源、条件和对象进行的整合、优化、调配等，如教师管理、学生管理、资金管理及物资管理等。

　　（二）高校教学行政管理

　　根源《现代汉语词典》的解释，"行政"是指行使国家权力的机关、企业、团体等内部的管理工作。美国著名行政学者弗兰克·约翰逊·古德诺（Frank Johnson Goodnow）从政治与行政分离的角度概述了行政的定义，认为"政治是国家意志的表达，行政是国家意志的执行"。从管理角度看，一切管理都是行政，是组织的一种功能。无论从哪个角度，我国的高校既具有鲜明的政治性，又是非常严密的组织，行政存在于其中是毫无疑义的。高校行政源于国家的教育行政，并且主要是教学管理行政，来自国家教育法律，尤其是高等教育法的授权，是高校依照法律、法规授权或政府委托，依托自身享有的法人资格和办学自主权，行使公共行政职权，履行公共行政义务，承担相应行政法律责任的方式、方法及其他活动的总称。高校教学管理是，高校内部相关机构依托国家授权、根据高校自身设置的管理权责，所实施的对教学活动的管理与掌控。从我国教育法规和高等教育的本质属性看，高校的教学管理行政权主要是：教育教学权、学籍管理权、学业成绩评价权、学位授予权、学历学业证书颁发权。此外，从广义上看，还应包括人事管理权、招生权、奖励处分权，教师具有的民主管理权、科学研究权及全体权力，高校对其内部职工的奖惩、考核、评聘等方面的管理权，以及接受监督、维护权益等方面的义务，几乎涵盖了高校与教师学生之间的权利义务关系。任何高校都需设有行政管理部门，任何大学都无法摆脱行政管理，都需要行政管理人员。高校教学行政管理效能提升的关键在于，转变职能变管理监控为主，为服务引导为主，充分发挥行政部门和行政人员的作用，努力为教师和学生、教学与科研服务，那么大学的行政管理就一定能够对大学和社会发挥不可替代的积极作用。只要注意安抚行政人员、平衡领导干部、行政人员、教师及学生的关系，就能够消解高校行政管理人员和学术人员的恐慌甚至是对立，构建和谐发展的高校教学管理局面，保证学校内部各方的利益包括学生的利益，促使"行政权"和"学术权"相互补充、合理分工、各显其能，共同服务于大学的"人才培养、科学研究、社会服务"三大基本职能[①]。

（三）高校教学学术管理

高校教学管理除教学行政管理外，还不可避免地存在着教学学术管理，这两种管理工作相互联系、相互作用，共同构成教学管理活动的丰富内容。长期以来，由于种种原因，人们对高校教学管理只认识到其行政事务性，而忽视教学的学术性，导致偏重行政管理轻视学术管理，学术管理行政化，行

---

① 刘振海，谢德胜．终身教育视域下我国高等教育管理体制研究［M］．沈阳：辽宁教育出版社，2017：118.

政管理泛化，影响了高校教学管理水平的提高。实际上，高校教学管理不同于基础教育的教学管理，它具有学术性和事务性的双重属性，在培养创新型人才方面具有举足轻重的作用。要克服高校教学管理的行政倾向，实现高校教学管理的科学化，就必须正确处理行政管理和学术管理的关系，加强教学学术管理，营造良好教学学术氛围。高校具有"人才培养、知识创新、社会服务和文化引领"四大职能，而人才培养是高校的核心职能，因为高校的根本任务是培养优秀人才。很显然，高校的教学质量直接决定人才培养质量，高校的所有工作都要围绕教学管理展开，推进高校的教学学术管理，引领高校教学管理改革，对高校的发展与进步具有特别重要的意义。

事实上，高校的科研工作与教学工作都属于学术范畴，科研工作属于发现的学术工作，教学工作属于教学的学术工作，二者并行不悖，都对学术的创新、传播和发展起到巨大作用。要知道，高校的教学工作不是一种工匠式的劳作，而是一种有着工匠精神的、充满学术性和智慧性的劳动。高校教学集知识与技能、过程与方法以及情感态度与价值观于一体，既是专门的学问、技术或艺术，又要科学地实践、实证，还要从学术角度进行多维的、深刻的研究。高校教师集教育者、研究者和学习者于一体，需不断提高教学的学术水平。高校的教学管理要顺势而为，不但要从行政方面促成这种局面，而且更应当从学术层面激励、引导。

鉴于教师和教学在高校发展中的举足轻重的特殊地位，高校应设立"教师发展中心""教学研究中心"等机构，从整体上营造重视教学、研究教学的学术文化；鉴于教学学术的开放性、包容性与创新性，高校要搭建和有效地运行教学学术交流平台，如教学学术组织、教学学术网络和教学学术资源平台等；鉴于各高校的个性与特色，各高校要根据自身实际，培育好自己的教学学术培育模式，如建立本校的卓越教师培育制度，设立教学名师、教学奉献奖以及优秀青年骨干教师奖等。

## 二、高校教学管理的要素

### （一）高校教学计划管理

高校的教学计划管理，简单地说就是高校运用一定的组织形式、物质资源与方式方法对教学计划所进行的管理。依据教学计划的性质与类型，教学计划管理可以针对某个学科或某一专业，也可以针对某个学科或某一专业领域中的一个主修方向、人才培养的某个方面（如通识教育、文化素质教育），还可以针对设置的专业或对已有专业的修订等。教学计划管理是高校教学管理的第一步，是高校教学管理的出发点和落脚点，并且为高校其他教学管理提供基本方向和路径。

（二）高校教学运行管理

教学运行从根本上看，是学生在教师指导下完成课业任务认识过程，又是学生通过学习促使自身知识、能力与素质等方面获得全面提升的过程。在高校教学管理中，教学运行管理是指围绕教学计划实施以师生为主体的教学过程的组织管理及以有关教学管理职能部门为主的教学行政管理。教学运行管理在学校诸多管理活动中，教学运行管理直接关系到教学工作能否平稳科学运行，关系到教学质量能否保证与提高，是最重要、最根本的管理。

教学运行管理的内容包括以下八方面：1. 编制课程标准管理。按照教育部规定的课程教学基本要求、学校的办学定位以及专业人才培养方案等制定科学的课程标准，编制课程标准时需组织有关教师讨论拟定，系（院）、校认定，并经有关组织批准施行。2. 课堂教学环节管理。注意选聘称职尽责、经验丰富、教学效果好教师，对新开课或开新课教师进行必要的岗前培训；组织教师进行集体备课听课，以及教学观摩；引领教师开展教改教研，进行教学方法、手段与模式的改革创新。3. 实践性教学与科学研究训练环节的管理。如建立健全实践基地，制订制度严格、科学且具有可操作性的实践性教学与科学研究训练大纲和计划，并认真实施和严格考核。4. 日常教学管理。如制定并严格执行教学任务表、周历表、课表，教学管理职能部门要定期与不定期地严格检查"三表"的落实情况，注意记录、总结、跟踪和反馈，及时处理相关的问题或事故。5. 学籍管理。学籍管理内容繁杂，主要包括对学生的入学资格、在校学习情况及毕业资格的检查、考核与管理，事关学生的学业状况及学历资格。据此，必须制订具体管理办法，并完整、准确、规范、及时建立学籍档案。6. 教师工作管理，即根据教学工作总量和师生比，确定教师编制、教学工作量，并从教学任务、教学态度、教学质量、教学改革等方面对教师进行考核。7. 教学资源管理，即搞好教室、实验室、场馆等教学设施的规划、配置和管理，并注意优化配置、充分利用这些资源，以保证教学需要。8. 教学档案管理。教学档案是对教学文件和教学资料的管理，主要包括对教学文件、教务档案、教师业务档案、学生学习档案等的管理，教学档案管理必须做到专人专责、有条不紊、分类管理。

（三）高校教学质量与评价管理

教育质量是对于教育水平高低和效果优劣的评价与判断，既包括整个教育体系的质量，也涵盖教育水平的高低与人才质量的规格。一般可以用一系列关于教学、学习及管理的质量指标进行衡量。对教学质量与评价进行管理必须分析质量指标、要素，探索质量监控的体系、组织及资源，建立适合高校情况的质量运行机制、监控体系和质量管理模式，包括质量检查方式、教学工作评估、教学信息的设计、采集、测量、统计分析和管理等。在明确目标、确定标准、获取信息、处理信息的基础上，通过科学的评价，分析教学质量，建立通畅的信息反馈网络，从而营造并维护良好的育人环境，达到最佳教学效果。

进行教学质量与评价首先需要树立科学全面的质量观，把德智体、知识能力素质、智力因素、非智力因素等有机融入质量标准之中。在招生过程中，把好新生质量关；在教学过程中，把好教学过程各个环节的质量关；在教学辅助过程中，切实保证图书资料、大数据信息传输、计算机信息网络平台、仪器设备、多功能教室的质量，切实保证教学管理人员的服务质量。要加强教学质量监控，如建立科学的考试制度，严格考试过程管理，经常进行教学质量检查，加强教学信息反馈等。要按照"以评促建，以评促改，评建结合，重在建设"原则，强化教学工作评价，做到明确目标、指标科学、突出重点和评价细致，努力实现教学工作评价经常化与制度化，教学工作评价与日常教学管理相结合，激励机制和约束机制相结合，进而调动广大师生员工的积极性和凝聚力。

（四）高校教学基本建设管理

教学基本建设管理包括对学科建设、专业建设、课程建设、教材建设、实践教学基地建设、学风建设、教学队伍建设、管理制度建设等方面的管理。

教学基本建设管理必须以学校发展目标和总体规划为依据，统筹安排，精心组织，扎实推进。

在学科和专业建设管理中，要注意根据学科与社会发展科学规划学校的学科和专业结构体系，并根据学校实际情况因地制宜地调整专业设置、专业方向、培养目标和教学内容等，并按照管理权限上报主管部门审批；在课程建设管理中，要根据课程性质与目标任务，制订课程建设规划，并以此为依据深化课程教学内容、教学模式的改革与创新，把课程体系科学地转化为教学体系；在教材建设管理中，要制订切实可行的教材建设规划，尽量选用国家统编教材与优秀教材，把好自编教材与辅助教材的质量关，不断提高教材的质量；在实践教学基地建设中，要坚持内外结合、全面规划、健全制度、适用优化原则进行建设和管理，建好管好实验室，努力改善实践教学基地的条件，大力加强与合作单位的协调与沟通，做到亲近产业，搭建好校企合作平台；在学风建设管理中，要坚持重在教育，建管结合原则，把思想建设、组织建设、制度建设和环境建设有机结合起来，充分发挥部门、教师和学生的建设性作用，坚持正面教育，积极传播"正能量"，努力打造"勤奋、严谨、求实、创新"的优良学风；在教学队伍建设管理中，要把业务培训、人文关怀和岗位约束及思想理论教育结合起来，注意提高教师整体素质，抓好中青年骨干教师培养，选好学术带头人和骨干教师，努力打造一支人员精干、素质优良、结构合理、教学科研突出的教师队伍；在教学管理制度建设管理中，要制订细心与科学的教学基本文件，建立健全的日常工作制度和日常管理制度，如排课与调课制度、教学档案保管制度、岗位责任制度、奖惩制度，以及学生守则、课堂守则、课外活动规则等，力争做到各项教学活动与管理有据可循。

（五）高校教学管理组织体系管理

教学管理组织体系实际上就是教学管理的组织与方法体系，是教学管理的主体通过责权的分配、层级的统属关系和团体意识所构成的能自我调节、自我发展的一个系统。完善的教学管理体制包括决策指挥系统、参谋咨询系统、执行运作系统和监督反馈系统。在教学管理体制建设中，高校要坚持国家政策指导，从国情、校情出发确立新思想、新思路、新措施、新制度，以提高治理体系和治理能力现代化为目标，建立健全现代大学治理结构。

在整个学校层面，高校要按照高等教育法的要求健全党委领导下的校长负责制，健全建立校、系（院）两级教学工作委员会，组建教学工作委员会。党委把握方向和大局，校长全面负责教学管理工作，教学工作委员会研究和决定教学管理工作中的重大问题。在具体管理基层，要注意发挥好教务处主管学校教学工作的职能，加强系（院）教学管理和教学研究直接责任，充分调动教学秘书处理日常教学行政工作的积极性。此外还必须重视教研室的建设，包括配齐配强教研室主任，添置必要的设备设施，以及完成教学计划和开展教研教改与科学研究活动等。

# 第三节　高校教学管理去行政化的对策

## 一、完善高校教学管理法规体系

高校的职权主要来自教育法律及高等教育法的授权，重在落实招生权、专业设置权、教学权、科学研究权、对外交往权、校内人事权和财产权等办学自主权。从现行我国高校管理体系架构看，党委、校长及高校的学术委员会是"三驾马车"，并且我国《中华人民共和国教育法》对三者的职责权限作了明确的规定。如在第三十九条规定：国家举办的高等学校实行中国共产党高等学校基层委员会领导下的校长负责制。并授予高校党委行使以下职权，即执行党的路线、方针、政策，坚持社会主义办学方向，领导学校的思想政治工作和德育工作，讨论和决定学校内部组织机构的设置和内部组织机构负责人的人选，讨论决定学校的改革、发展和基本制度等重大问题，保证以培养人才为中心的各项任务的完成。在第四十一条规定校长全面负责教学、科学研究和其他行政管理工作，授予校长行使以下职权：（一）拟订发展规划，制定具体规章制度和年度工作计划并组织实施；（二）组织教学活动、科学研究和思想品德教育；（三）拟订内部组织机构的设置方案，推荐副校长人选，任免内部组织机构的负责人；（四）聘任与解聘教师以及内部其他工作人员，对学生进行学籍管理并实施奖励或者处分；（五）拟订和执行年度经费预算方案，保护和管理校产，维护学校的合法权益；（六）章程规定的其他职权。还在第四十二条中规定高校设立学术委员会，履行以下职责：（一）审议学科建设、专业的设置，教学、科学研究计划方案；（二）评定教学、科学研究成果等五项有关学术事项的职权。

很明显，在我国当代国情校情及法律环境下，要兑现高校教学管理的"去行政化"，首先必须依法依规依情，落实好高校的办学自主权。高校主管部门依法切实把办学自主权授予高校，通过树立服务意识、改进管理方式和完善监管机制，注重政策引导，减少行政干预，充分保障高校行使办学自主权和承担相应责任。高校要按照国家法律法规和宏观政策，自主行使办学自主权，科学开展教学活动、科学研究、技术开发和社会服务等活动。其次，高校必须充分发挥党委在高校内部的领导核心作用。高校党委是高校的"火车头"，关系高校发展的方向与大局，关系高等教育的本质与人才培养的规格与标准，因此要依法落实校长职权。高校校长要由能者、德者居之。要特别注意的是，校长负责不等于校长个人说了算，而是通过校长办公会议民主决策，校长与副校长分工负责讨论和决定高校内部重大、具体的教学、科研与其他行政问题。再次，要充分发挥学术委员会在高校管理中的作用，基本思路是学术问题，学术管、学术评、学术议和学术定，充分发挥教授在教育教学、科学研究和学校管理中的作用。此外，还要注意发挥教职工代表大会的民主管理作用，以及其他群团组织的建设性作用。最后，高校内部要加强和改进规制建设。要按照《中华人民共和国高等教育法》的规定、现代大学治理制度及各校实际，制定和完善大学章程。高校章程应注意把各项权利分解、细化，使之便于操作，然后依据章程管好学校。要尊重学术自由，营造宽松的学术环境，切实保证学术组织、教研组织的权利与具体工作，要建立健全涵盖教学、研究与管理等内容的评估制度，鼓励专门机构、中介机构和社会各界人士对高校的学科、专业、课程等水平和质量进行评估，鞭策高校成长、发展。

## 二、遵循教学教育管理基本规律

高校教学教育管理的根本目的是培养人，因此，高校教学管理去行政化，需要以遵循教学教育管理基本规律为基础，把培养人放在第一位，否则就失去了它应有的意义。教学教育管理体现在学校教学教育管理的程序、职能、方法和环境之中，反映学校制订与学校教学教育管理密切相关的计划、组织执行、督促检查总结提高等过程的内在的、本质的必然联系。处理好这些关系就要让学生掌握知识与发展他们的能力统一起来，将教育性寓于教学活动之中，发挥好教师的主导作用与学生的主体作用，使各种教学资源优化配置、有序运行，并发挥最大效能①。

　　首先，坚持"四强化、四淡化"，构建科学、高效的管理体制，即强化职责意识、淡化职务意识；强化服务意识，淡化权力意识；强化创新意识，淡化守摊意识；强化大局意识，淡化本位意识，实现教学管理的公正、公平、公开、透明。其次，打造求真务实的教学管理作风。教学管理工作要严密、严肃和严谨，不该做的事情不做，不该说的话不说，属于本职范围的事情义无反顾地做好，为学校工作的整体推进，出力献策；教学管理人员应有岗有责，做到每一项工作都有人管、有人做，保质保量完成岗位任务。另外，要一以贯彻问责制，凡涉及教学管理岗位职责内的事，能立即解决的立即解决；不能解决的耐心说明理由，教学管理人员要树立角色和大局意识。一方面，要按学校教学管理要求，既不干预别人工作，又不推脱工作，发挥好角色作用。另一方面，又要以大局为重，时刻考虑学展的大局和教学质量中心，任劳任怨、淡泊名利、认真对待每一项工作；要加强教学管理人员的服务理念。

　　对高校的教学管理者来说，要顺应时代发展断开拓创新，不断学习研究，不断提高自身的综合素质。在工作要多思考、多论证，举一反三，触类旁通，力求找出最佳工作方案。此外，还要注重走出去，请进来，多学习、研究和借鉴国内外先进的管理理论与经验，拓宽视野，擅长逻辑思辨，既善于摸着石头过河，又会顶层设计，力求在工作中有所突破，以推动改革工作的开展。

### 三、牢固树立教学为本管理理念

　　高校领导要率先垂范。俗话说"正人先正己"，要让群众做到，领导干部

---

① 丁兵．当代高校教育管理研究［M］．西安：西北工业大学出版社，2019：89.

首先应该做到。在剔除"行政化"过程中，领导如果从善如流，人品正派，作风优良，就能凭借其人格魅力影响人，其说的话就有人听，做的事就有人帮。况且高校中的大量高级知识分子清高、孤傲，服软不服硬，单纯依靠强迫生硬的行政命令并不能解决问题。在管理中，要注意营造宽松学术环境与浓厚民主气氛，领导干部要尊重知识，尊重人才，弘扬民主精神和民主作风，礼贤下士，宽以待人，不搞"一言堂"和独断专横，不嫉贤妒能以权压人。要慎用权力，不搞权力寻租，不把权力当成自己的私有财产，不恣意妄为。所有这些都以领导干部的境界和修养为基础。高校的每一个领导干部都要重视政治理论学习，加强思想道德修养。通过学习与修养，树立"四个意识"，夯实理论基础，提高人格品位，培养正直、公正、信念、恒心、毅力和进取精神。

增强行政人员的服务意识。高校行政人员的服务，就对象来说，是为领导、教师和学生服务；就总体来说，是为学术事务和行政事务服务，归根结底是为学术服务；就内容来说，是教学服务、科研服务以及其他具体的人财物事诸多复杂的服务等。很显然，行政人员的服务烦琐、复杂乃至枯燥无味，不耐心、不细致、不坚持、不尽责是绝对干不好的。为了做好行政工作，非增强服务意识不可。在日常工作中一定要强化行政人员的"以人为本"服务意识，变管控审批为"服务"，变"唯上"为"唯下"，强化主动服务意识，教育他们不仅要为校领导做好服务工作，还要为其他部门和师生员工做好服务。要注意引导他们发扬实事求是、勤奋务实、任劳任怨的精神，以解决行政管理中存在的问题为目标，在立足本职工作的基础上积极进取，为学校发展贡献力量，通过行政人员提供多方面的优质服务，使领导专心于决策、教授专注于治学，让教师从负担的行政事务中解脱出来，专心于学术事务。

# 参考文献

**一、著作**

[1] 蔡先金，宋尚佳，等. 大学学分制的理论与实践［M］. 青岛：中国海洋大学出版社，2006.

[2] 陈慧慧，方小教. 社会调查方法［M］. 合肥：中国科学技术大学出版社，2019.

[3] 陈小倩. 本科院校教学管理创新与实践研究［M］. 北京：中国商务出版社，2019.

[4] 褚瑞莉. 激励理论视域下高校师资队伍构建研究［M］. 北京：九州出版社，2019.

[5] 邓青林. 高校管理队伍专业化与教学质量优化研究［M］. 西安：世界图书出版西安有限公司，2017.

[6] 丁兵. 当代高校教育管理研究［M］. 西安：西北工业大学出版社，2019.

[7] 窦衍瑞. 现代大学制度研究［M］. 济南：山东大学出版社，2016.

[8] 高新芝. 独立学院管理概论［M］. 重庆：重庆大学出版社，2013.

[9] 郭芹，方来，高春艳. 现代教学管理与校园建设研究［M］. 长春：吉林人民出版社，2020.

[10] 蓝秀华. 中国高等教育收费制度变迁研究［M］. 青岛：中国海洋大学出版社，2012.

[11] 李海萍. 大学学术权力现状研究［M］. 长沙：湖南师范大学出版

社，2013.

[12] 梁育科，苟灵生，王兴亮．高等院校内部教学质量保障体系研究与实践［M］．西安：西安交通大学出版社，2017.

[13] 刘珂珂，徐恪东．中国地方本科大学文化育人研究［M］．北京：中国经济出版社，2018.

[14] 刘明亮．高等教育管理与大学生创新能力培养研究［M］．北京：科学技术文献出版社，2017.

[15] 刘伟．新建本科院校教学质量保障体系构建与教学管理创新［M］．长春：吉林大学出版社，2019.

[16] 刘振海，谢德胜．终身教育视域下我国高等教育管理体制研究［M］．沈阳：辽宁教育出版社，2017.

[17] 吕村．高校教育管理与教学研究［M］．长春：吉林文史出版社，2021.

[18] 马小平．高校人力资源管理发展与创新［M］．长春：吉林出版集团股份有限公司，2018.

[19] 马永霞，窦亚飞．高等教育组织与管理［M］．北京：北京理工大学出版社，2020.

[20] 莫春梅．服务与发展理念下的高校学生管理研究［M］．北京：中国原子能出版社，2019.

[21] 彭泽春．高校创新型人才培养模式研究与实践［M］．长春：吉林文史出版社，2021.

[22] 任光升，李连国，张凤魁．学校的人本化管理行动［M］．南京：南京师范大学出版社，2012.

[23] 舒小丽，李莉，吴静珊．学生发展与学习心理［M］．广州：华南理工大学出版社，2021.

[24] 孙连京．高校教学管理理论与实践［M］．南昌：江西高校出版社，2019.

[25] 薛明明，张海峰．高校教学管理及教学质量保障体系的建设与探索［M］．北京：九州出版社，2021.

［26］杨春生，胡维之，吴丽萍．高等教育现代化的技术视点［M］．西安：陕西人民教育出版社，2007.

［27］曾瑜，邱燕，王艳碧．高校学生管理工作法治化研究［M］．成都：西南交通大学出版社，2016.

［28］赵炳坤．基于经济学视角的高等教育发展方式研究［M］．北京：中国经济出版社，2012.

［29］赵红，詹晖，田佳．经济环境与高校人才建设培养研究［M］．长春：吉林大学出版社，2020.

［30］郑承志．管理学基础［M］．合肥：中国科学技术大学出版社，2020.

## 二、期刊

［1］陈武元，李广平．高等教育普及化背景下的我国高校教学管理变革［J］．大学教育科学，2020（6）．

［2］黄红卫．高校教学管理存在的问题及改革策略［J］．郑州铁路职业技术学院学报，2021，33（4）．

［3］姜燕．浅谈高校教学管理创新途径［J］．长春师范大学学报，2021，40（11）．

［4］李福坤，吴玉敏．高校教学管理存在的问题与解决策略研究［J］．教育教学论坛，2020（44）．

［5］吕浔倩．大数据时代高校教学管理信息化建设路径研究［J］．黑龙江教师发展学院学报，2022，41（2）．

［6］马宝环．新时期高校教学管理模式的转变与创新路径研究［J］．北京印刷学院学报，2021，29（10）．

［7］沈丽丽．高校教学管理的创新及应用型改革趋势研究［J］．黑龙江教育学院学报，2019，38（9）．

［8］王淑卉，李林琛．高校教学管理模式创新研究［J］．黑龙江科学，2020，11（19）．

［9］王婉．探究高校教学管理的改革与发展［J］．太原城市职业技术学院学报，2021（7）．

［10］许亮，田政改，唐光璐，等．新时期高校教学管理体系的挑战与实践［J］．北京教育（高教），2021（11）．

［11］杨军．依法治校视域下高校学生管理法治化探析［J］．山西省政法管理干部学院学报，2022，35（2）．

［12］赵晨．新时期高校教学管理队伍建设存在的问题及对策探究［J］．教育教学论坛，2020（22）．

［13］周敏．"互联网＋"背景下高校教学管理模式创新及启示［J］．安徽开放大学学报，2021（4）．

［14］左雪．以人为本思想在高校教学管理中的渗透［J］．佳木斯职业学院学报，2019（11）．


## 三、其他文献

［1］陈杰君．我国高校教学管理去行政化研究［D］．长沙：湖南大学，2017．

［2］沈雁婷．我国高等教育管理学的发展研究［D］．金华：浙江师范大学，2020．

［3］王柯．我国高校弹性学制的教学管理机制研究［D］．荆州：长江大学，2017．

［4］吴晓．我国高校管理服务优化研究［D］．天津：天津财经大学，2020．

［5］徐思鼎．教学学术与我国高校教学管理改革研究［D］．长沙：湖南师范大学，2017．

［6］张丽丽．高校行政化表征及其适度行政化调节策略研究［D］．大连：辽宁师范大学，2020．